国家自然科学基金项目（71263042）
宁夏大学校级项目（BQD2014012）

贫困地区基本公共服务均等化研究

——基于主体功能区框架的分析

冯 骁 著

中国财经出版传媒集团

图书在版编目（CIP）数据

贫困地区基本公共服务均等化研究：基于主体功能区框架的分析/冯骁著．—北京：经济科学出版社，2016．12
ISBN 978－7－5141－7649－0

Ⅰ．①贫…　Ⅱ．①冯…　Ⅲ．①贫困区－公共服务－研究－中国　Ⅳ．①D669．3

中国版本图书馆 CIP 数据核字（2016）第 321743 号

责任编辑：王　娟
责任校对：杨　海
责任印制：邱　天

贫困地区基本公共服务均等化研究
——基于主体功能区框架的分析
冯　骁　著
经济科学出版社出版、发行　新华书店经销
社址：北京市海淀区阜成路甲 28 号　邮编：100142
总编部电话：010－88191217　发行部电话：010－88191522
网址：www．esp．com．cn
电子邮件：esp@esp．com．cn
天猫网店：经济科学出版社旗舰店
网址：http：//jjkxcbs．tmall．com
北京季蜂印刷有限公司印装
710×1000　16 开　10．75 印张　200000 字
2016 年 12 月第 1 版　2016 年 12 月第 1 次印刷
ISBN 978－7－5141－7649－0　定价：39．00 元
（图书出现印装问题，本社负责调换。电话：010－88191510）

前　言

贫困与返贫有资源环境因素，也有制度性因素，贫困最终是缺少可持续发展的驱动力，是可持续发展的问题。从传统的农业社会向现代化社会过渡中，公共服务水平是衡量国家和社会进步的标准。解决基本公共服务的供求矛盾，是解决贫困、提高人民生活质量的关键，也是实现可持续发展的要求。长期以来我国以经济发展为主，忽视公共服务建设，但经济的繁荣不必然带来人们生活质量的提高。经济在何种程度上促进人们生活水平的提高，极大地取决于公共服务的繁荣程度以及人们享受公共服务的均等化程度。对我国来说，提高基本公共服务水平、实现均等化是现阶段亟待解决的问题。原因在于：第一，非均衡式发展促进经济发展，也带来区域差距加大，并成为阻碍经济与社会发展的主要因素之一，以先期实现公共服务均等化来解决贫困、缩小区域差距，是最终促进经济发展的必然选择。第二，随着经济增长出现社会公共需求的强劲增长，但基本公共服务的供给与需求极不均衡，基本公共服务严重滞后于经济发展以及人们生存发展的需求，其供需矛盾影响社会稳定。第三，解决贫困、提高人民生活质量是新时期政府职能转变的关键。现代化社会要求政府职能从经济管理型转为公共服务型，提供市场与企业无法提供的均等化的基本公共服务，是服务型政府的职能所在。第四，主体功能区划分的动力机制与目的在于实现可持续发展，可持续发展要求以人为本，而各区域本身存在的差异及功能区划后受产业发展与政策选择差异的影响，必然造成区域间、群体间享受基本公共服务的机会差异，这种区域差距拉大，返贫出现，严重影响经济及社会稳定，有悖可持续发展的理念。所以如何在主体功能区划分下实现基本公共服务的均等化，提高各功能区人们的生活质量，成为一个重大现实的问题。

目　　录

第1章

绪　　论

1.1　研究背景与意义

1.1.1　研究背景

1.1.1.1　民生方面：基本公共服务均等化是解决贫困、提高民生质量的基本

基本公共服务是一国公民享有的最起码的基础性公共服务，是公民生活与发展的基本需求。西方国家将基本公共服务视为公民与生俱来的权利而纳入到施政纲领中，以各种改革实现了基本公共服务的均等化，南亚及韩日等国效仿西方国家进行公共服务改革，基本实现了公共服务均等化。我国作为发展中国家，因经济发展所需长期以非均衡式的方式发展，逐渐产生了区域经济不均衡，导致基本公共服务在区域间、群体间的不均衡以及供需失衡，其供需矛盾已成为制约社会发展的主要障碍之一。长期以来，在探讨解决贫困以及实现公平的过程中，忽视了基于基本公共服务不均衡对民生质量的主要影响作用，从而使得一些改变贫困的举措没有预期的效果，因此提高民生必须重视基本公共服务的主要作用，以实现基本公共服务的提高与均等化为基本前提。近年来，我国不断加强和重视对基本公共服务的建设以及政策保障体系的健全，2006 年我国首次提出基本公共服务均等化，2007 年明确完善基本公共服务体系，逐步实现均等化，2008 年提出建立基本公共服务体系以及长远目标是实现基本公共服务的均等化，2012 年《我国基本公共服务“十二五”规划》出台，是我国以基本公共服务的建设对改善民生、提高人民生活质量的保障，表明我国加快基本公共服务建设、提高民生质量的重要举措。

但是，随着主体功能区划[①]将国土空间划分为优化开发、重点开发、限制开发和禁止开发四类主体功能区后，四类功能区的开发方向、政策、开发强度、开发秩序不同。优化和重点开发区以经济发展为主要职能，限制和禁止开发区维护生态系统的服务价值、以生态环境恢复和保护为主要职能，各有侧重。目的是利于从整体上分工协作，协调人口、资源与环境的关系，实现可持续发展。但对于限制和禁止开发区，本身经济欠发达又以承担生态职能为主，失去了部分经济增长的机会，造成基本公共服务的自我保障能力下降，人民生活需求难以保证。相反，优化和重点开发区以经济发展为主要职能，保证了基本公共服务建设基本的投入。因此，各功能区的基本公共服务供给水平以及供给质量将会出现很大的差距，如果放任差距拉大而不加以干预，则会出现区域基本公共服务的两极分化。各省级行政区都有相应的主体功能区规划，怎样在主体功能区的框架下提高各类型区基本公共服务，实现均等化，满足人们生存与发展的基本公共服务需求，实现民生质量的提高，是一个不得不面对的、严峻而现实的问题。民为社会之本，保障各区域公民生存与发展过程中享受基本公共服务的权利，满足基本需求，是提高人民生活质量的基本要求。

1.1.1.2 政府方面：实现基本公共服务均等化是政府职能转变的核心

政府职能是国家行政机关依法对国家和社会公共事务进行管理时应承担的职责和所具有的功能，其职能转变是国家行政机关在一定时期内根据国家和社会发展的需要，对其应担负的职责和所发挥的功能、作用的范围、内容、方式的转移与变化。经过几十年的发展，我国经济高速增长，基本解决了温饱，向小康过度，同时公众对公共服务的需求扩大与政府对公共服务的供给有限性之间的矛盾日益突出，并成为制约经济发展、社会全面进步和人民生活质量以及影响和谐社会构建的制约因素。因此，现代经济的发展，亟待传统的全面管制型政府职能向现代公共服务型政府职能转变，以有限的资源去解决最主要的民生问题，提供大致数量和质量的基本公共服务是服务型政府的基本责任，也是政府职能转变的关键。公众对基本公共服务均等化的诉求是因为其数量质量的不足以及空间上不均衡，因此政府存在的原因是社会公共需求，公共需求决定政府活动的范围，当代政府的主要职能应当以公共服务建设为主，满足社会基本公共需求、为全社会提供充足、优质而市场或企业无法提供的基本公共服务，实现其均等化。建立服务型政府是对我国政府改革建设提出的新要求，传统的全面管制型政府职能向现代公共服务型转变，既是行政体制改革的重点，更是构建社会主义和谐社会的前提。

---

① 《国务院关于印发全国主体功能区规划的通知》。

1.1.1.3　国家方面：基本公共服务的均等化是实现可持续发展的体现

主体功能区的动力机制以及目的是实现可持续发展，可持续发展要求“以人为本”，基本公共服务的均等化正是“以人为本”的表现。所以，提高基本公共服务水平，实现均等化是我国可持续发展的内容与追求。我国正从区域结构与功能的再调整建立系统的政策体系，协调人口资源环境的关系，实现可持续发展。表现在2006年《国家“十一五”规划纲要》提出了推进形成主体功能区战略提出的四类主体功能区，以发挥比较优势，按照主体功能定位调整完善区域政策和绩效评价。2007~2008年国家级与省级的功能区范围确定，各省内功能区形成，预期2020年实现主体功能区的可持续发展目标①。可持续发展基本的要求是全面的协调和可持续，核心是以人为本，通过各种改革措施不断改善人民生活质量，保障社会公平正义、促进社会和谐。而基本公共服务均等化要求保障全体公民在享受基本生存与发展所需的基本公共服务时，机会大体均等，受益结果大致相等，且满足公民自由选择权。因此，可持续发展的内涵包括了要实现公民享受基本公共服务的均等化，功能区划的动力机制以及目的是实现可持续发展，所以各功能区均等化的基本公共服务是可持续发展的体现。推进主体功能区的基本公共服务建设提高，实现其均等化，是落实以人为本科学发展观的体现[1]。

1.1.2　研究意义

1.1.2.1　以基本公共服务的均等化来缩小区域差距，推动区域均衡发展

一国经济的总体实力受“短边决定原则”② 的影响，落后区域对整体实力的影响很大，要实现经济整体发展，非均衡式发展必然要过渡到均衡发展，但是基于我国长期非均衡发展带来的差异导致区域不均衡短期内难以解决，阻碍了我国经济整体的均衡发展，所以实现基本公共服务均等化来缩小差距，逐步实现均衡发展是整体提高的有效途径。长期发展非均衡增长理论创始人、政府区域协调论代表艾伯特·赫希曼提出的区域经济增长空间传递理论认为，经济增长首先进行累积集中是必然的，而增长极的增长又成为促进其地区经济增长的一种动力，进而实现区域经济增长的空间传递。在这种空间传递过程中[2]，存在着“极化效

---

① 《国务院关于印发全国主体功能区规划的通知》。

② 经济学家厉以宁先生以“木桶理论”来阐述经济发展的整体水平受最落后的区域限制，要实现整体发展就要提高落后区域水平。“木桶效应”认为：木桶由许多块木板箍成的，盛水量受最短一块木板限制，这块短板是这个木桶盛水量的“限制因素”，若要盛水量增加，就需加长短板，缩小木板间差距。

应”和“涓滴效应”，极化效应是指发达地区借助落后地区提供的条件加速发展，从而使落后地区的发展受到抑制。涓滴效应是指发达区域向落后区域递进，落后区从与发达区的经济交流中获益，加速其经济发展，实现从非均衡发展向均衡发展的过渡。在中国经济发展初级阶段，赫希曼非均衡增长理论具有合理性和实际指导意义，采取鼓励先富带动后富，实现了经济增长。而期望中以涓滴效应实现整体发展却并不理想，发达区域凭借良好的经济条件以及基本公共服务供给能力，吸引内陆地区大量而廉价的原料、劳动力尤其是技术人才等生产要素流出，对落后区域形成“空洞效应”。导致不发达地区的发展更加困难，区域差距扩大，产生许多经济问题，衍生出一系列社会与政治问题[3]。从经济发展长期看，涓滴效应并不是不可能，这需要政府的积极参与，即国家出面干预来加强“涓滴效应”，而促进“涓滴效应”的主要手段是提高落后地区的基本公共服务水平，加强对落后区域的扶持。其次，主体功能区旨在于区分主要功能，发挥优势，最终实现均衡。但优化、重点开发区具有先天良好的经济水平加以功能区划产业政策的扶持，得到了充分的发展机会来进行资本积累，从而具备基本公共服务的自我保障能力。限制和禁止开发区本身经济水平不高，以生态职能为主，财政收入得不到提高，而公共服务供给能力是财政收入能力与财政支出能力共同作用的结果，其经济发展受到削弱，财政收入降低就没有足够的财力为本辖区内的居民提供对应的基本公共服务。居民因为享受不到大体均等的基本公共服务，就丧失基本的发展权利，形成重点和优化区逐渐对限制和禁止开发区吸引的“空洞效应”，限制和禁止开发区基本公共服务水平进入恶性循环。但对于重点开发区不一定全部有利，人口密度加大，引发新的供需矛盾。所以实现限制和禁止开发区基本公共服务均等化，是实现各功能区均衡发展的主要手段。在各区域经济水平存在巨大差异并短期内难以均衡的前提下，以先期实现基本公共服务均等化，是缩小区域差距、实现区域均衡的主要方式。

1.1.2.2 拓展基本公共服务的研究领域，避免各功能区两极分化的“马太效应”

目前关于基本公共服务的研究，国外比较成熟，而国内尚且处于起步阶段，在研究的过程中以省或市为研究单元过大。基本公共服务的具体执行是在县级财政，功能区划以后，一省内各县所处的功能区不同，基本公共服务的能力各异，所以功能区划对各县区基本公共服务的建设与均等化有重要的影响，需要结合这一因素，探讨在这一框架下基本公共服务的实际水平、需要的政策以及绩效评价，保障各类型区人们的基本公共服务需求，实现均等化。相反，如果在基本公共服务的研究中，忽视功能区划后各县区所处的功能区划差别，将会导致重点开发区的基本公共服务越来越好，而限制和禁止开发区越来越差的“马太效应”[①]，为保障民生质量、实现公平以及基本公共服务相关的研究，缺失了对在主体功能区划这一重大区域以及产业政策调整的考虑，那么各区域以及各群体间就不具有可比性，提高民生的效率不能有效发挥。

一项利于人民的政策，需要有效的行动以及实施过程中有效的评价监督、完善的体系，才会真正发挥它的作用。要充分发挥我国不断提高民生的各种举措，就需要重视主体功能区划对基本公共服务建设与均等化带来的重大影响，完善主体功能区框架下基本公共服务发展的各项政策与监督体系，保障各类型区人们的公共服务需求，实现均等化，提高人们的生活质量。主体功能区划是我国打破行政区划界限，从国家战略高度对区域发展战略与政策的重大调整，也是我国第一次颁布实施的中长期国土开发总体规划，发挥着21世纪国土空间规划宏观调控的职能。其划分是为了发挥各区域的比较优势，协调经济发展与环境保护以及人口、资源与环境的关系，最终提高人民生活质量，满足人们基本公共服务需求，提高人们生活质量的直接体现。对主体功能区划前后公共服务能力的比较，找出其发展差距及实际效果，使其实施路径、阶段性标准以及效果、强制力保障措施等方面得到完善，保障各类型区人们的生活质量，避免功能区划后缺乏后续关注导致穷的越穷、富的越富“马太效应”。

1.1.2.3 延伸主体功能区后续研究，完善相关政策，实现其可持续发展的目的

主体功能区划是从协调人口资源环境的关系出发，实现可持续发展。可持续发展是各区域共同的可持续，而功能区划后，限制和禁止开发区在一定程度上是均衡发展以及可持续发展的“短边”，决定了整个功能区划可持续发展目标的实现。因此，对主体功能区的关注不能仅仅停留在其生态层面，须以其可持续发展目的为目标，重视功能区划后各类型区人们生活质量的提高，以及享受基本公共服务机会与结果的大体均等。因为人们的生活质量得不到提高，资源环境的压力就会很大，生态承载力的超负荷难以解决，相应的人口资源与环境的关系不能得到很好的协调，阻碍可持续发展目标的实现。功能区划以后“不以追求GDP均等为目标，而是追求人们享受公共服务的均等”，对各功能区基本公共服务的阶段性评估以及评价，是对主体功能区划后人们生活质量提高的基本责任，也是完善主体功能区划后各项政策制度效果绩效的有效评价方式。满足各类型区人们生

① 马太效应（Matthew Effect），源于《新约·马太福音》“凡有的，还要加给他叫他多余；没有的，连他所有的也要夺过来。是指强者愈强、弱者愈弱的现象。1968年，美国科学史研究者罗伯特·莫顿（Robert K. Merton）首次提出“马太效应”，反映贫者愈贫，富者愈富，经济学中收入分配不公的现象。经济学界用它提醒决策者，要避免贫富差别过大。

存与发展的基本公共服务需求，实现区域之间基本公共服务的均等化，不能依赖区域间自发的调解，而需要自觉干扰。因此，结合各类型区的特点，探索均等化的衡量标准与实现的有效途径，建立有效监督评价体系，完善基本公共服务的政策体系，是解决区域整体发展“短边”制约的问题，也是运用政府自觉强制措施提高基本公共服务能力，达到均等化，实现各功能区可持续发展的科学依据。

1.2 研究框架、内容与方法

1.2.1 研究框架

地理学不仅研究地理事物的空间分布和结构，且阐明地理事物的空间差异和联系，揭示事物的空间运动、变化规律，对解决人口、资源、环境和发展问题有重要作用。空间研究包括空间分布、结构、差异、联系、运动和空间演变六个方面。本书充分运用空间研究方法，结合多种技术手段，建立系统的评价指标体系，研究各县区及类型区在 2000 年、2005 年和 2010 年的基本公共服务均等化水平及影响因素；对经过 10 年发展形成的基本公共服务与可持续发展的耦合度进行分析评价。以 2000 年为基期，2010 年为报告期，分析各功能区可持续发展的要素与基本公共服务间的关系；通过实地调研发现的问题，思考以上的分析研究，提出政策建议。具体技术路线如图 1－1 所示。

1.2.2 研究的主要内容

本书共分为八章内容，具体如下：

第 1 章，基本公共服务研究的背景、研究意义、内容方法以及本书的拟创新点：介绍了基本公共服务均等化研究的社会背景和理论背景、实践以及理论意义，多学科方法结合功能区同质性研究对基本公共服务均等化研究的领域、思路以及方法上的拟创新。

第 2 章，贫困成因、以基本公共服务均等化解决贫困的原理；基本公共服务均等化研究的理论基础与研究进展：介绍了基本公共服务均等化研究中的经济学理论基础、管理学理论依据、社会学理论原则，地理学理论框架等理论基础；分析了国际国内基本公共服务研究中的方向、阶段以及内容。

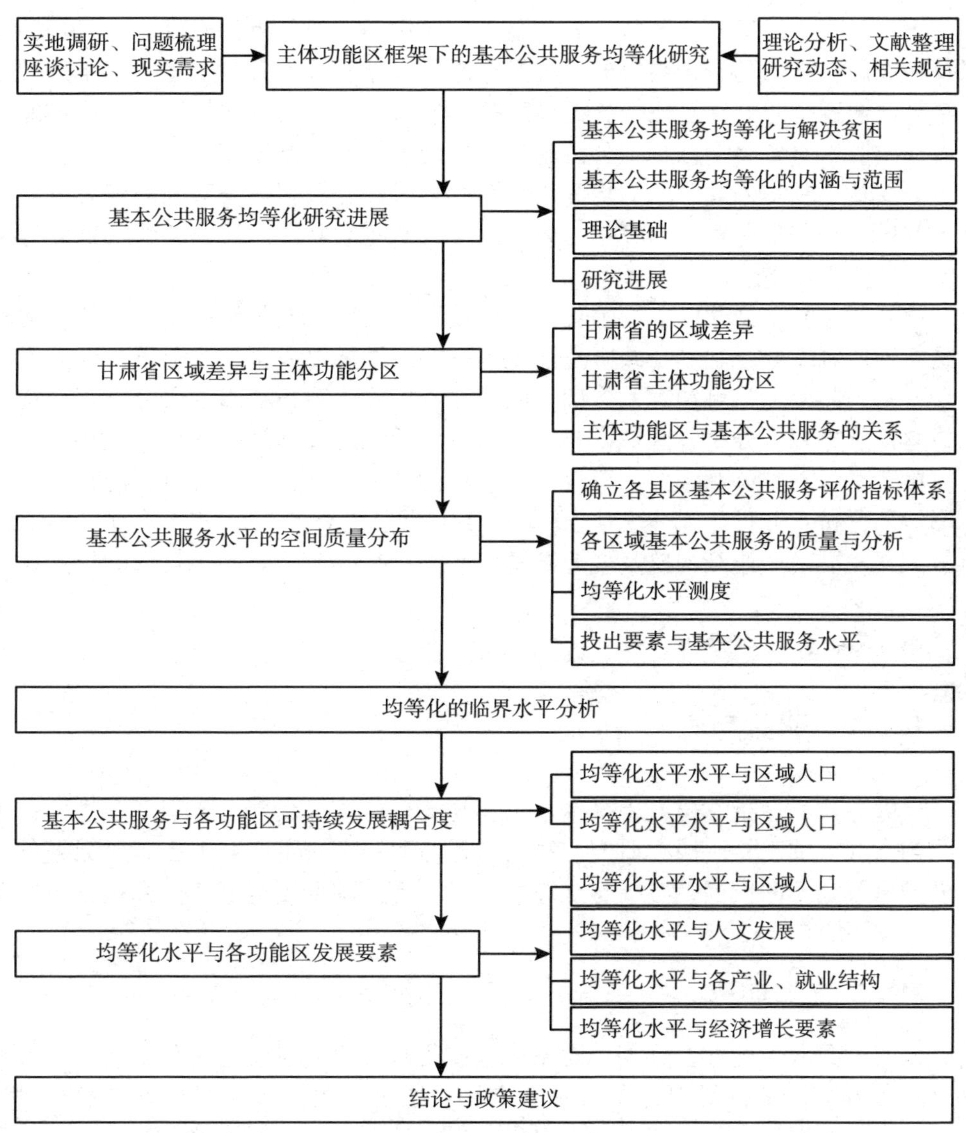

图 1－1　技术路线

第 3 章，基本公共服务均等化以及主体功能区概述：介绍了基本公共服务的概念、分类以及均等化的性质；主体功能区的意义、作用与分类，甘肃省在全国主体功能区划中的地位、甘肃各县区所处的功能区划类型；分析了基本公共服务建设与主体功能区划的关系，即以主体功能区划为载体，以政策措施为手段提高各区域的基本公共服务水平，实现可持续发展。

第 4 章，甘肃省各县区基本公共服务均等化的空间分析：通过建立符合县区以及功能区特点的基本公共服务评价指标体系，分析甘肃省各类型区基本公共服务水平，通过空间分布，比较各类型区基本公共服务的均等化程度，分析可能的投入产出因素对各类型区基本公共服务均等化水平的影响程度。

第 5 章，基本公共服务的均等化临界值分析：分析基本公共服务配置的原则带来的效率与公平差别，均等化的分类以及尝试建立基本公共服务的最低均等化限度、即临界水平值。

第 6 章，基本公共服务均等化与可持续发展的耦合度分析：主体功能区的目的是实现协调发展，基本公共服务体现了可持续发展以人为本的要求，因此本章建立基本公共服务与可持续发展耦合度的评价指标体系，利用主成分分析确定权数建立评价方程，分析各区域耦合度类型、子系统的“协调—发展”关系。

第 7 章，基本公共服务均等化与主体功能区可持续发展主要要素的相互关系与影响的分析：分析了基本公共服务均等化的程度对各功能区可持续发展的人口、人文发展、产业结构以及就业结构、经济增长要素之间的相互影响以及影响程度。

第 8 章，结论与政策建议。

1.2.3 研究方法

研究方法，是指在研究中探索新事物与新现象，提出新理论与新观点，揭示事物内在规律的工具手段，研究方法的选择与运用至关重要，关系到对数据的有效处理以及结论的偏向，必须建立在科学、严谨基础上，本书在研究过程中主要采用了如下方法：

1.2.3.1 调查方法

调查法是有目的、有计划、有系统地搜集有关研究对象现实状况或历史状况的材料的方法，是科研中常用的基本方法，通过历史法、观察法等方法，以谈话、问卷、个案研究等方式对研究对象进行有计划和系统的了解，最后对调查搜集到的大量资料进行综合、比较、分析、归纳，从而为人们提供规律性的知识。本书通过对甘肃省下辖的 12 个市 2 个自治州以及各市州选取代表性的县，共 28 个点进行实地考察、座谈，采访等收集大量的信息与资料，为研究打下基础，使研究的主题以及价值更具有客观性。

1.2.3.2 文献研究法

文献研究法是根据研究目的查阅相关文献，了解相关研究的历史现状和动态，分析已有的研究中的基础与程度，从而全面地、正确地掌握所要研究的问题。本书对国内外基本公共服务的研究进行了大量的查阅、比较与分析，掌握国内外相关研究的阶段以及优缺点，为进一步研究提供了空间。

1.2.3.3　规范分析和实证分析结合方法

规范分析与人们的价值判断相关，具有主观性。实证分析是对一个事物如何运行的描述，是对理论假设和政策效果的检验，与事实相关。本书运用规范分析法对基本公共服务均等化和主体功能区的内涵、关系、理论及政策等问题进行了研究；运用实证分析方法分析了甘肃省各县区的公共服务水平、均等化程度、耦合度，以及影响因素。结合分析设计了均等化临界值，提出政策建议。

1.2.3.4　定量分析法与定性分析法

定性分析是运用归纳演绎、分析综合等方法，对获得的各种材料进行思维加工，从而对分析对象的性质、特点、发展变化规律作出判断，揭示内在规律，它是对研究对象“质”的方面的分析。定量分析是据统计数据，建立数学模型，并用数学模型计算出分析对象的各项指标及其数值的一种方法，它使人们对研究对象的认识进一步精确化。定性分析是定量分析的基本前提，没有定性的定量是盲目、毫无价值的定量。本书通过多种数学模型对大量数据信息进行处理，对各功能区的公共服务水平以及影响因素、耦合度以及“协调—发展”关系，人口、产业等的变化通过定性与定量结合分析，得出有价值的信息。

1.2.3.5　跨学科研究法

跨学科研究法，是运用多学科的研究理论、研究方法与成果从整体上对某项研究进行综合研究的方法，即“交叉研究法”。主体功能区框架下的基本公共服务均等化研究以地理学为框架、经济学为目的、管理学为依据、社会学为原则。因此，涉及地理学、经济学、管理学、社会学等多学科，通过多学科结合的方法使分析与结论更具科学性和系统性。

1.3　本书的创新点

本书以甘肃省主体功能区框架下基本公共服务均等化的研究，藉此希望推动国家主体功能区划下的各省不同功能区，以及各省主体功能区框架下各县区的基本公共服务的均等化研究，以及重视基本公共服务均等化对解决贫困以及返贫现象、实现可持续发展的重要作用。以功能区内部的同质性，功能区间的异质性研究，切合基本公共服务的前提差异。通过研究，推动完善关于主体功能区框架下基本公共服务均等化的政策机制，有效提高人民生活质量，实现可持续发展。

1.3.1 研究角度以及思路的创新

（1）结合主体功能区的框架来分析基本公共服务，打破以往研究中以行政区划或者经济区划为单元研究单元的局限性。主体功能区划后，人们生存与发展所需的基本公共服务以及区域间均等化水平不因行政区划而不同，而因所处的功能区有差异。对解决贫困，提高人民生活质量起关键作用的基本公共服务的研究，不容忽视。需要客观评价主体功能区划后各区域人们的生活质量，以及主体功能区划对其的影响。基本公共服务的落实是在县级单元，而各县基于所处的功能区不同，在基本公共服务的投入以及政策上差异很大。所以，本书以主体功能区划的框架来研究基本公共服务的均等化，拓展了对提高人民生活质量研究的思路。

（2）主体功能区的目的是协调人口资源环境的关系，实现可持续发展，可持续发展以人为本。主体功能区不以追求 GDP 为重，但 GDP 对各区域人们生活的影响不容忽视。所以，主体功能区划后各类型区基本公共服务的供给能力、人们的基本公共服务需求的满足程度，人的需求问题是否得到有效解决，即人们生存与发展所需的基本公共服务需求是否得到充分的关注、尊重与践行，这是主体功能区划后必须要面对的问题。主体功能区框架下基本公共服务的均等化程度和人们的生活质量，是评价各类型区可持续发展程度的有效方式。这种以基本公共服务的角度来评价各功能区的差距以及政策效果，对基本公共服务的研究和主体功能区的研究都具有延伸性。

1.3.2 研究单元的选取对实际应用的可指导性

大量对基本公共服务的研究倾向于省、市级行政单元，而基本公共服务的执行主要在于县级。县级政府不仅承担区域经济发展、领导辖区的政治、经济、文化和社会事务，并且在基本公共服务建设中，是直接参与者和提供者。我国现有的 2400 多个县聚集了 9 亿多人口，向全国 70% 以上的人口提供着 70% 的县域基本公共服务[4]。在基本公共服务均等化建设中，县级政府直接面向基层，是国家公共服务职能的“终端”。一方面是上级提供基本公共服务的实现平台，上级的政策与投资通过县级落实。另一方面是基础性公共服务的直接提供者，其财政能力直接决定基本公共服务的供给能力，其收入与支出能力直接决定基本公共服务能力与水平[5]。在主体功能区划以后，县与县间因为所处的功能区不同，对公共服务建设的投入来源、自我保障能力又有差异。所以，结合各县区所处的功能区划来分析基本公共服务，处于同一功能区的县级单元具有同质性，不同功能区的县级单元具有异质性，具有区域内部的可比较性和区域间的可对比性，避免以行政区划为单元的过于宽泛，做到具体问题具体分析，具有实际应用价值。

1.3.3　多学科交叉的方法论体系为学科之间的研究提供可行性验证

尝试以地理学的角度结合管理学、经济学、社会政治学等学科，推动交叉学科方法对现代经济发展的研究，拓展人文地理学研究领域的同时，将地理学空间分析方法和技术应用到其他学科，丰富和验证多学科交叉的方法论体系。

国内外从主体功能区划空间研究公共服务均等化的案例较少，使本书在借鉴国内外研究时受到局限。一些方法具有尝试性，需进一步的研究。因篇幅及时间精力等限制，在探讨公共服务均等化的标准、配置以及供给模式方面的研究，略显单薄，是以后关于基本公共服务均等化研究的重点。

第2章

理论背景与研究进展

2.1 基本公共服务均等化是新时期解决贫困的关键

2.1.1 贫困成因与特点

贫困，是由低收入造成基本物质、基本服务的缺乏，以及缺少发展机会和手段的一种现象，即人们的生活水平达不到一种社会可接受的最低标准，贫困是社会、经济与文化落后的总称。

阿玛蒂亚·森对通过对中国农村贫困与政策研究后认为由于收入差异、政策不足以及福利权利的缺失是导致贫困产生的主要原因[6]。我国贫困问题的原因是多方面的。首先，基于先天自然地理环境的影响，如干旱、沙化以及低温等造成生产与生活条件受资源匮乏、环境恶劣的限制；其次，基于后天不合理的、过度开采陷入资源匮乏、环境恶化引起的贫困与资源环境退化的“PPE怪圈”①；以上因素造成生活资料匮乏，即使短期脱贫但是抵御自然灾害的能力很差，也容易返贫，属于生存和温饱型贫困，也是资源贫困；最后，我国长期的非均衡式发展政策带来区域空间差异。通过非均衡式发展集中整合资源形成增长极，从而以“点—轴”辐射，形成发展面。但空间差异逐渐拉大，制约了经济整体的发展。区域间、群体间的发展不均衡的发展型贫困，即制度型贫困。

① “PPE怪圈”，是经济学家格兰特于1994年提出的，揭示了人口增长、贫困和环境退化之间的恶性循环关系。贫困（Poverty）、人口（Population）、环境（Environment）之间，贫困导致人口增长和生态环境趋向脆弱，人口的不断增长加剧了贫困，导致生态环境更加脆弱，而脆弱的生态环境进一步加深了贫困程度，形成恶性循环。

2.1.2　新时期解决贫困的关键

我国的贫困主要集中于西部，贫困面大、程度深，基于西部地区自然地理条件差，生态环境脆弱，基本公共服务水平薄弱，存在着收入贫困与知识贫困、人力贫困并存的现状。从行政区划以及主体功能区看，西部地区具有较高的同质性，承担了生态环境职能。主体功能区划分以后，西部地区在经济发展解决贫困与生态环境保护之间存在博弈。基于人口资源环境的先天不足，以及新时期人口流动等现象，西部的返贫比例高。探讨脱贫与可持续发展的模式，是亟待解决的问题。从 1994 年我国颁布《国家“八七”攻坚扶贫计划》至今，经历了“救济式扶贫”、“项目带动式扶贫”、“扶贫到户”[7]，扶持型的扶贫模式虽然取得效果，但是长期以来随着经济社会的发展、需求以及生活结构的多元化，减贫边际效率呈现递减的趋势，返贫压力增大。

我国现阶段要实现均衡发展，就必须解决区域空间差异，西部经济不发达，要解决这一“短板”，就必须解决西部的贫困问题。从“胡焕庸线”① 看。历史以来西北地区地理、资源环境、人口、经济发展等各方面与东南的差异大，而主体功能区划分以后，西北地区大部分区域处于限制或禁止开发区，承担了生态环境的职能。如何解决西部的贫困问题，如何解决西北地区在主体功能区政策中脱贫从“输血”变成“造血”，实现可持续发展，先期提高公共服务是必然的途径，通过公共服务的均等化提供生存发展的基本条件与机会以及保障，提高贫困地区以及贫困户的可持续发展能力。

新时期，致贫的因素不仅仅是自然资源条件，更重要的是基本公共服务的因素。不均等的公共服务水平为群体带来不均等的发展机会与保障。基本公共服务的空间差异成为我国目前反贫困的重大阻碍，基于公共服务的不均等，较高收入者会选择储蓄以利于后代享受良好的公共服务。前 30 年贫困是基于基本生存条件，当前的基本公共服务不到位、公共产品短缺、风险抵御能力和公共化解机制的缺乏，是贫困产生、积累和代际传递的重要根源[8]。

从主体功能区区域放入差异性与同质性着手，实现基本公共服务的均等化，

---

① 胡焕庸线是中国地理学家胡焕庸在 1935 年提出的划分中国人口密度的对比线（以 1 点表示 1 万人，根据掌握实际情况将 2 万多个点子落实到地图上，再以等值线画出人口密度图，即：“黑河—腾冲一线”）。“瑷珲—腾冲一线” 在中国人口地理上起着画龙点睛的作用，为国内外人口学者和地理学者承认和引用，被美国俄亥俄州立大学田心源教授称为“胡焕庸线”。线东南侧以占全国 43.18% 的国土面积，集聚了全国 90% 以上的人口和 GDP，压倒性地显示出高密度的经济、社会功能，在 21 世纪的现在，这一格局仍未被打破。

是新时期反贫困的重要手段。

2.2 基本公共服务概述

2.2.1 基本公共服务的含义与分类

公共服务源于“公共品”一词，国外研究中称为“public goods”。因此，公共品也就是公共服务。1954年萨缪尔森[9]首次提出公共品的定义，即“每个人对这种物品的消费不会导致其他人对该物品消费的减少”。实际上公共品不是“产品”本身，不是“物的”概念，而是具有共同消费性质的服务[10]。无论其是有形还是无形，都是追求对公民保障性或者权益性的服务，所以公共品与公共服务是一致的概念。公共服务是一个广义的概念，指建立在一定的社会共识基础之上，由法政府、公共组织以及有关企业运用公共财政或公共资源为社会全体成员提供的各类公共服务。它包括一般公共服务和基本公共服务，一般公共服务包括基本公共服务、产权保护、宏观经济社会政策、国防等；基本公共服务是公共服务的一部分，即基本的、基础性部分，它是建立在一定社会共识基础上，根据一国经济社会发展阶段和总体水平，为维持本国经济社会的稳定、实现基本的社会正义和公平，对一国家的公民提供的最起码的基本的公共教育、公共卫生、公共文化、公共安全、基础设施、社会保障等生存与发展所必需的基础性公共服务。基本公共服务是公共服务的基础部分，也是现阶段我国基本公共服务均等化建设的主要内容，本书中的公共服务是指基本公共服务。

公共品根据是否具有非排他性和消费的非竞争性分为纯公共产品和准公共产品[11]；从空间消费的属性分为全球性的、国家性的、本地性公共品[12]；从规模属性分为拥挤性公共品、区域公共品、俱乐部公共品[13]，本书涉及纯公共产品和准公共产品的研究。

2.2.1.1 纯公共品消费的非竞争性和受益的非排他性

纯公共品是同时具备非排他性和消费的非竞争性的物品和服务，它是为整个社会共同消费，而任何一个人对该产品的消费都不减少别人对它进行同样消费的物品与劳务。这类公共品的消费人数多，需求差异不大，收益较均衡，如环保等具有共享但不能分割的基本公共服务。非竞争性是指某人对公共品的消费并不影响其他人同时消费该产品及其从中获得的效用。因此，向额外消费者提供产品的边际成本为零，如不加密的电视信号。受益的非排他性，是指消费者在消费的某种产品，因为技术或价格难以形成，只能采取免费的供给方式[14]。因此，不能将那些不愿付费的人排除在该产品的受益范围之外，即不排除别人消费的可能，而出现“搭便车”现象。

2.2.1.2 准公共产品消费的竞争性和受益的排他性

准公共品亦称为“混合品”，准公共品因空间和距离等因素具有排外的可能性，是有限的非竞争性或有限的非排他性的公共产品。它介于纯公共产品和私人产品之间，一类是有非排他性和不充分的非竞争性的公共产品，如教育、政府兴建的公园，区域范围内或者一定的“度”上没有竞争和排他，但是超过了度就表现出竞争性；另一类有非竞争性但非排他性不充分，如公共道路和公共桥梁，不拥挤的情况下非竞争非排他，但是一旦拥挤就会显现出排他性。实际上，公共服务和相对的区划相联系则表现出与“度”的相关，区域基本公共服务能力水平受区域经济发展水平的直接影响。地方财政收入支出决定基本公共服务的供给水平，以及诸如政策、人口密度、教育水平等其他因素的制约，公共服务的配置须在一定的度上，提供对象针对本区域的民众，则相对区域范围之外的民众存在一定的竞争性和排他性，尤其是我国城乡二元经济体系以及户籍制度下，基本公共服务的区域空间维度特征尤为突出。

2.2.2 基本公共服务的特点

2.2.2.1 基础性

基本公共服务的内容具有基础性，是促进人的一般性可行能力[15]的前提。其内容包括公民生存与发展所需的教育、医疗、环境、社会保障等基础的社会性服务，一方面它的质量与水平决定了一定区域人们的生活水平，一个区域的基本公共服务水平越高，人们的生活水平与发展机会就越多；另一方面，对其他公共服务以及区域内经济社会发展有重要影响，区域的基本公共服务水平越差，对经济社会发展的制约就越大。

2.2.2.2 公益性

基本公共服务的目的具有公益性，即不以营利为目的，具有公共利益性质。是无偿或非盈利地向公众提供，旨在提高特定区域人民的生活水平与福利。这一特点决定了基本公共服务的提供成为政府的主要职责，基本公共服务的供给主体主要是政府，出现供方单一性，需方广泛性的供求结构，正如穆勒所言："公共服务的提供是重要的，但并不必然自动地获得适当的报酬[16]，所以公共服务只能由政府提供"。

2.2.2.3 普适性

基本公共服务的提供对象，即受众者具有普适性。这里的普适性具有相对性，是对辖区内公民的普适性。基本公共服务是对所辖区域内的所有公民提供的基础性、公益性的服务。要求提供者为辖区内的公民公正地、平等地提供基本的公共服务；其次，服务对象是辖区内不确定的人，即公民具有不分民族、身份而平等享有基本公共服务的权利。

2.2.3 基本公共服务的均等化

基本公共服务的均等化已成为发达国家基本施政纲领，基于西方国家认为公民享受均等的公共服务是公民与生俱来的权利，因此并无专门"基本公共服务均等化"的研究。均等化是我国针对基本公共服务在地区间、城乡间供给不均等现状而提出的。本书在对甘肃省实地调研中发现，很多区域尤其是县级、乡级对基本公共服务均等化的理解有误区，将其等同于平均化。因此，出现各项基本公共服务中的每个指标，无论村庄大小"平均每个村都一致有"的误区，并没有理解到均等化的实质，造成有的区域资源紧缺而有的区域资源浪费，一些基本公共服务以面积来均衡，以"摊大饼"方式普及，没有考虑人口密度的高低以及人均占有量，不能实现机会均等，结果也不均衡。

基于地理区位、自然经济、人文等先天因素的影响，差异是必然的，任何一个国家不可能使领域范围内的所有区域的公共服务整齐划一，只能通过后天的政策措施，尽力缩小区域之间的差异，实现均等化。但是基本公共服务均等化不等同于平均化，平均化从个人出发，追求个人获得平均份额，认为一切社会物质财富都要无条件地进行平均分配，每人得到的份额应该绝对相等。忽略整体的平等，也忽略了效率。实际上，区域之间有发展也有落后，不能为实现平均化而让发展区域停滞建设，绝对流水线下的均等是不存在的。基本公共服务均等化，首先要有一定差异的容忍度，即差异底线，在一定容忍限度内的差异可以被认为是均衡的，超过容忍限度的差异才被认为是不均衡[17]。项继权等[18]认为，均等化是人人都能享受不低于他人或社会公认最低标准的基本公共服务。胡祖才[19]认为基本公共服务的均等化，应当强调的核心是机会和效果的均等，而不是简单的平均化和无差异化。中国改革发展研究院[20]认为。基本公共服务均等化是对弱势群体的关注。

基本公共服务均等化不等于平均化，在性质上不是平均化、在程度上不是平均值。依据经济发展水平的逐渐提高以及区域差距的程度，均等化的标准应有层次级别，以生存到发展所需，从低到高分低、中、高三个层级。最低的均等建立在人们生活的温饱基础上，具有保障和警戒性质；中度的均等建立在人们生活的小康基础上，是落后区域得到相应提高后需要达到的均衡水平；高度的均等建立在人们生活富裕的基础上，体现在各区域的均衡程度很高的水平上。对我国来说，尤其是西北地区，经济欠发达，首先追求的基本公共服务均等化应当是最底层限度的均等。最低的均等化是在全国统一的制度安排下，不同区域的人民能够享受到大致相同的基本公共服务，保障最低限度内，全体公民的机会均等、结果大体相同[21]，即全体社会成员都能享受到有制度保障的、最低标准的基本公共服务，并尊重社会成员的自由选择权，包括机会均等（如公民都有平等享受教育的权利）和结果大体均等（如无论区域公民享受的义务教育等基本公共服务在数量和质量上都应大体相等）。概括而言，现阶段基本公共服务的均等化要达到一种“底线均等”，即政府为社会公众无偿和非营利性提供的基础性、大致均等的，让全体社会成员享受的水平大致相当的基本公共服务。它保障每个公民基本的生存和发展权，促进社会公平正义，保障社会和谐稳定。目前我国基本公共服务存在着在区域间、城乡间、群体间的差异。尤其是功能区划后，各类型区、群体间的差异更复杂。基本公共服务均等化的理想状态，是通过对主体功能区调整，实现各类型区内部、类型区之间以及群体间享受基本公共服务的机会与结果的大体均等。

2.3 理论背景

2.3.1 管理学理论

2.3.1.1 传统公共管理论滞后于社会需求

长期以来，传统的政府职能以“科层理论”为指导。“科层理论”（又称官僚制）由现代社会学和公共行政学最重要创始人之一的马克斯·韦伯（Max Weber）提出，它是一种将权力依职能和职位进行分工和分层，以规则为管理主体的组织体系和管理方式。韦伯认为，任何有组织的团体，唯其实行“强制性的协调”方能成为一个整体，他将官僚集权的行政组织体系看成最理想的组织形态[22]。科层理论对工业化初期解决人与人、组织与组织之间的矛盾，提供了一种高效率的、理性的组织管理模式，被认为是一种“最有用的、持久的和卓越的成果”。正如韦伯而言：“从纯技术的观点来看，科层制是最符合理性原则、效率最高的，它在精确性、稳定性、纪律性和可靠性方面都优于其他组织模式。”在人和组织都受到集权主义的企业家和牢固建立的政治制度支配的时期，韦伯使人们从科层制组织中看到了希望。但是随着经济全球化的发展，福利和税收的矛盾、人民对政府的信任等问题日益严重，以“科层理论”为支撑的传统的政府管理体制已无法解决政府所面对的种种难题。后工业化社会信息时代带来社会、文化和政治等领域的深刻变革，专注于各种规章制度及其层叠的指挥系统，过分强调等级管理、直接控制，强调政府集权和行政参与，由政府机构自身提供公共福利的科层制模式已经不适应后工业时期的社会。官僚制下逐渐产生政府效率低下、机构臃肿、办事拖沓等现象[23]，严重制约了社会的发展。社会经济发展水平的提高，人民权利意识的觉醒，出现对政府的职能定位以及公共服务的要求，公共服务水平成为评价一国或政府能力的关键，各国的竞争转向以公共服务和社会福利的提高为代表的公共管理竞争。

2.3.1.2 新公共管理理论运动带来的改革浪潮

科层理论已不能适应迅速变化的信息社会的发展，无法解决政府所面临的严重的公共问题以及公民对公共服务效率、质量的需求。20 世纪 80 年代后期，掀起了以英国著名的行政学者克里斯托夫·胡德和美国积极的政府改革家戴维·奥斯本等为代表的，世界范围内的公共部门管理变革浪潮，即“新公共管理运动”(the New Public Management)。它将一些重要概念、理论、原理和技术、方法等引入公共管理中，采用商业管理理论、方法及技术，以市场竞争的机制，提高公共管理水平及公共服务质量的管理方式。它强调政府的管理职能是“掌舵”而非“划桨”，不再是凌驾于社会之上的封闭的官僚机构，而是负有责任的“企业家”，公民则是其“顾客”。在公共管理中，政府应当是企业家服务角色，并积极引入竞争机制，广泛采用授权或分权的管理方式，重视提供公共服务的效率、效果和质量。新公共管理运动是对传统政府职能的重大改革，人类管理文明与政治文明迎来新的转折。这场以经济学为基础，以政府和市场关系协调为核心的新公共管理运动，被西方国家在行政改革的实践中与政府管理相融合，致力于改善政府公共服务供给的效率与质量，重构公共部门的组织文化，强调在政府管理中服务型职责，以期重塑国家的作用及其与国民间的关系，为其公共行政的变革提供新的路径指导。西方国家以新公共管理为定向的政府改革，追求“3E”① 目标的管理改革，也影响了一些东方国家当代公共部门管理的新模式。

2.3.1.3　新公共服务理论成为政府职能改革的方向

新公共管理理论虽推动了各国国家改革，但其“企业家政府理论”受到以公共管理学家罗伯特·丹哈特为代表的学者们批判。他们认为新公共管理以“3E”为基础，忽视了公平，在批判继承的基础上提出了“新公共服务理论”（the New Public Service）。该理论认为公共管理者在其管理公共组织和执行公共政策时，应该集中于承担为公民服务和向公民放权的职责，他们的工作重点既不该是为政府航船掌舵，也不该是为其划桨，而是应该建立一些明显具有完善整合力和回应力的公共机构[24]。其核心，即新公共服务七项原则为：政府服务而非掌舵、公共利益是目标而非副产品、集体协作与公民参与、服务对象为公民而非顾客、政府责任的非单一性、重视人而非效率，提供公共事务保障公民权利而非企业家身份，这七项原则是新公共服务理论的核心，它试图将管理的视角逐渐转到对管理乃至社会发展根本价值的关注上。相比新公共管理理论，它强调维护公共利益、强调尊重公民权利，推崇公共服务精神，将政府的角色定位为调解、协调与裁决，强调政府以尊重人的个性、确认人的价值、推进人的发展为使命，即服务型政府。新公共服务理论提出和建立了一种更加关注民主价值与公共利益，更加适合现代公共社会和公共管理实践需要的指导理论。总之，公共管理的“统治—管理—服务”发展趋势成为新世纪世界各国未来政府职能转变的理论依据。

2.3.2　经济学理论

2.3.2.1　旧福利经济学对公共服务总量与均等化的重视

最早专门论述公共服务公平供给问题的是亚当·斯密，他在论述君主或国家的义务时提出并分析了公共服务的公平性等问题，认为公平地提供公共服务是国家的义务与职责。但理论体系由英国经济学家、“福利经济学之父”阿瑟·塞西尔·庇古（Arthur Cecil Pigou）于 20 世纪 20 年代首创。其于 1920 年出版的《福利经济学》构建了完整的福利经济学理论体系[25]，是研究社会经济福利、组织经济活动的最佳途径，收入的最佳分配以及最佳的税收制度的学科，内容是进行社会资源的配置以及国民收入的分配以实现公平与效率。从庇古的两个命题里可

① “3E”：Economy（经济），Efficiency（效率），Effectiveness（效益）。

以引申公共服务与福利的关系：一是基本公共服务总量越大，社会经济福利就越大；二是基本公共服务越是均等化，社会经济福利也就越大。具体而言，首先他认为福利是指一个人对物质的占有或者知识、情感、欲望等获得的效用或满足。而公共服务能够带来效用，但公共服务的内在源泉是国民收入，在效用未饱和的前提下增加公共服务的量可增进社会福利，公共服务是国民收入和社会福利之间的媒介，即国民收入增加，公共服务总量上升，社会福利增大。其次，公共服务越均等则社会经济福利越大，但现实中需要政府用税收和转移支付等调节机制调节，从而为公共服务的均等化提供动力，实质是强调以边际效用为基础、政府干预为手段来提高公共服务均等化水平，增加整个社会的经济福利。

2.3.2.2 新福利经济学中对公共服务实现途径与均等化方式的重视

继强调以边际效用为基础、政府干预为手段的经济学旧派庇古之后，得到以一般均衡论为基础，强调市场和政府作用的帕累托、卡多尔、穆勒以及萨缪尔森为代表新派经济学家的继承和发扬，形成了新福利经济学。新福利经济学把帕累托最优视为社会福利最大化的状态，帕累托最优（Pareto Optimality）假定固有的一群人和可分配的资源，从一种分配状态到另一种分配状态的变化中，在不减少一方福利的情况下，就不可能增加另外一方的福利。只是在“最低”意义上“理想”的，如果一种状态未达最优那么就存在改进的余地，即帕累托改进（Pareto Improvement）。它是在不损害任何人的公共服务受益的情况下，通过改变现有的资源配置而提高，至少有一个人的受益情况得到了增进，则提高了福利水平。新福利经济学用帕累托最优来解释福利问题，其缺陷在于，一方面一些人的条件改善建立在他人的条件恶化基础上，社会整体福利难以衡量。另一方面在帕累托达最优时并不是真正理想状态，社会分配公平无法衡量。为了弥补这些缺陷，新福利经济学提出以补偿原则来纠正，即“卡尔多·希克斯改进”（Kaldor－Hicksim－Improvement）。即在改革过程中，产出量增加，要提高整个社会的福利，有人受益，有人受损，受益总量大于损失时，应补偿受损一方，如受益者的改善程度足以补偿受损者恶化的状况，且补偿后还有剩余，则增加了整体社会福利。即如果社会整体上损失的利益小于得到的利益，通过从受益者那里转移部分收益补偿受损者，社会整体福利就会增加。基本公共服务具有普惠性和保性，是公民生存与发展对公共资源的基本底线需求，在“效率优先”和“公平优先”之间实施“补偿原则”，为公共服务均等化的工具，即政府转移支付政策在地区间、城乡间实施提供了理论基础。转移支付政策虽然使部分社会成员的效用损失，改变原来的利益结构，但与增加的社会福利相比，损失较小[26]，从社会整体而言，增加的福利远高于失去的利益。

2.3.2.3 博弈论为解决公共服务“搭便车”以及制度设计提供方法依据

部分公共服务具有典型的正外部性，经济学中把利用公共服务外部性特点，即不承担任何责任而消费或者使用公共品的行为称为“搭便车”①。基于这种行为降低了提供者的积极性，一定程度上也降低了本区域居民使用公共服务的效率，公共服务的提供很难达到帕累托最优。20 世纪 20 年代冯·诺依曼创立的，目前已成为经济分析的主要工具之一的博弈论（Game Theory），成为公共服务提供者合作的基础。它是研究理性的行动者相互作用的形式理论，指个人或是组织，面对一定的环境条件，在一定的规则约束下，依靠所掌握的信息，从各自选择的行为或是策略进行选择并加以实施，并从各自取得相应结果或收益的过程。对解决地方政府提供公共服务的模式以及“搭便车”之间的博弈提供了指导方向。组织或者社会通常利用不同的动机形式促进互利的合作，动机按照制度化还是自发以及是否奖励与惩罚来分类。自发的惩罚性动机对“搭便车”有阻止作用，促进了公共服务博弈中多样化的合作。而实际情况中非合作的情况要比合作情况普遍，对博弈论进一步分析的纳什均衡理论（Nash Equilibrium），即不合作博弈论[27]。纳什认为在博弈中这样的局面，对于每个参与者来说，只要其他人不改变策略，他就无法改善自己的状况。纳什在证明了在每个参与者都只有有限种策略选择并允许混合策略的前提下，纳什平衡一定存在。为可以改变原先的利益格局，通过谈判寻求新的利益评估分摊方案，合作是有利的“利己策略”。博弈论与纳什均衡为解决公共服务“搭便车”行为以及基本公共服务的“奖惩机制”②[28]和“补偿机制”③[29]设计与实施提供方法论依据。

2.3.3 社会学理论

2.3.3.1 传统正义理论“最多数人的最大幸福原则”重视社会成员的个人效用

公正公平是社会价值的体现，长期以来，在解决贫困、实现平等的许多研究

① “搭便车”效应：在利益群体内，某个成员为本集团利益所作的努力，使集团内所有人都可能获益，但成本却由这个人承担。但集团利益是由每个成员的需求动机决定，只有成员合作努力才能获得共同利益。如果有人付出努力，而没有为此努力的人借助利益的外部性特点而受益，即“搭便车”。这种行为会抑制集团成员为本集团努力的动力，如果每个成员都共同努力，则个人成本就会相当小。

② 奖惩模式，即“法尔金格模式”（Falkinger Mechanism）对公共品提供者提供了偏离平均水平的公共品的行为以及对合作的个体奖励而对不合作的个体惩罚。

③ 补偿机制（Compensation Mechanism），即对公共服务机构之间进行补偿，前期阶段机构可以选择对彼此的贡献补助。

与实践中，忽略了基本公共服务的价值，而使享受基本公共服务水平不同的群体不具比较性。使消除贫苦、减少不公而赖以建立的评价体系本身就失去公正性。解决经济落后区域以及贫困群体的基本公共服务需求，是解决贫困问题的重点。始于18世纪末19世纪初，以边沁为代表的功利主义的正义理论认为，只要社会成员间存在收入差距，任何将财富从高收入者转移给低收入者的再分配行为都会使社会总福利增加，改进社会的原则应是谋求“最多数人的最大幸福”。社会福利的高低是由社会成员的个人效用所决定，能否获得最大的福利和保证利益的和谐，并且在最大化社会福利事业上给予穷人更多的关注，是衡量最好政体和政治制度的标志。最大多数人的最大幸福以及对社会成员个人的福利重视，是公共服务均等化的社会伦理基础。

2.3.3.2 罗尔斯分配正义理论“最大最小原则”重视最少受益者的利益

“最多数人的最大幸福”这一理论在20世纪70年代受到以罗尔斯为代表的社会学家发扬。罗尔斯认为基于个人先天环境与后天文化的不同，自然会有不平等，他提出正义理论的两大原则：其一，“每个人都在最大程度上平等享有与其他人相当的基本权利和自由”，即“平等原则”，它是正义理论的核心；其二，“社会经济的不平等被调解，人们有理由认定它对每个人都有利，且它所设置的职务和岗位对所有人平等开放”，即“差别原则”。一个正义的社会解决不平等的原则，必须按照“差别原则”来安排社会经济制度，对社会成员的社会经济差别予以调节，使之最大限度地善待最差者，即任何不平等安排都必须适合于“最少受惠者”的最大利益，也叫作“最大最小原则”[30]。

罗尔斯正义理论研究了社会主要制度分配的基本权利和义务，决定由社会合作产生的利益和负担的划分方式，因此也成为“分配的正义”。社会的全面发展和进步离不开均衡式发展以及公共服务均等化，为全国民众提供均等化的公共服务，保证公民平等的生存发展权，但基于公共服务的非营利性以及公益性等特点，尤其是各功能区产业结构带来经济水平的巨大差异，公共服务的均等化需要政府强有力的措施来干预。罗尔斯分配正义理论提供了政府干预的基本原则，“适合于最少受惠者的最大利益”，社会中效用最低或境况最差的那部分社会成员所能享受的公共服务与福利水平为基点，以他们的利益的最大化为度，实现均等化。

2.3.3.3 阿玛蒂亚·森新正义“能力论”，强调外部条件对内在能力实现的保障

继罗尔斯之后，1998年经济学家阿玛蒂亚·森提出了新的分配正义论，即“能力论”。他将经济学与伦理学结合，把伦理因素重新纳入至关重要的经济学问

题讨论之中①，更多关注弱势群体。他强调以能力为基本，全面探讨人类社会和经济生活，呼吁“要关注真实的人[31]”。不仅经济发展使国家或者社会变得更加强盛，而且让经济发展为民生带来更多的福利，以此进行价值判断，开创了客观适用的分配正义观。核心概括为内在条件的能力与外在保障的权利相结合，确保人的自由全面实现[32]。即人发展的最终目的是内在能力的实现，但必需的外部保障条件使内在的条件得以转化、提高和稳固。因此，实现公共服务的均等化最终取决于内因，需外因的基本保障，为实现基本公共服务均等化的长期发展方式提供价值判断标准和伦理学基础。

2.3.4 公共品俱乐部理论

西方学者称为“公共品”，强调不是产品本身，而是产品提供的共同性消费服务，即公共服务。公共品分为纯公共品与非纯公共品，萨缪尔森认为纯公共品是非竞争品和非排他品，非纯公共品因距离空间等因素具排外可能性，因此出现配置及效率的问题。俱乐部理论（Club Theory）是研究公共品的配置效率及供给、需求与均衡数量，以社会角度分析来实现俱乐部内外公共品均衡的理论，现代俱乐部经济理论的奠基人是布坎南与蒂布特。

2.3.4.1 布坎南理论指导规模经济下公共服务提供规模、价格及人口的规模

布坎南提出以提供可排他性公共品的技术和偏好聚类，使在一定规模的社会中形成很多最优构成的俱乐部，每一成员为了获得最大收益，必须保证总成员数带给自己的边际收益与边际成本相等。由于成员的同质性，最后一位成员得到的最大效用也意味着所有成员得到的最大效用，具备这个条件的成员数就是俱乐部在产出既定的情况下的最佳人数。布坎南 1965 年出版的《俱乐部的经济理论》，解释了非纯公共品的配置，注重规模适度和使用效率，为公共服务的供给价格、规模、效率、供给方式和公共服务提供者分权提供了依据。

2.3.4.2 蒂布特理论指导非规模经济与充分迁徙下“以足投票”评价公共服务

蒂布特认为本地公共服务的提供在许多相似的管辖系统下，如果可以充分地迁徙，人们依据自己对公共服务的需求偏好来选择社区，即“俱乐部”，当一地的公共服务数量、质量以及效率符合自己的需求偏好时就留下，否则就离开该区域，即“用足投票”[33]，人们通过留下或者离开这种行为来选择和评价公共服务

---

① 摘自 1998 年诺贝尔经济学奖公告。

的供给质量水平，而不是通过语言。蒂布特模型与布坎南不同，他是解决非规模经济、人口众多条件下，对地方公共品、纯公共品的偏好的问题。虽然人口迁徙存在成本等影响因素一度使该理论受到质疑，但现实中该理论具有很大的应用性，首先，现代经济发展以及人们文化水平的提高，对公共服务的追求有时不惜成本，这也是一些一线城市吸引人口流入的原因。其次，通过“以足投票”的行为选择，刺激地方政府为控制人才流出以及有税收能力人群流失，展开财政竞争，大力提高公共服务水平。

2.3.5 地理学理论

描述和分析发生在地球表面上的自然、生物和人文现象的空间变化，探讨它们之间的相互关系与区域类型的学科，即地理学，也被称为“科学之母”。

2.3.5.1 人文地理学为主体功能区的基本公共服务均等化研究提供方法指导

19 世纪初，地理学分为自然地理和人文地理，其奠基人分别为洪堡德（Alexander von Humboldt）和李特尔（Carl Ritter）。人文地理学是研究地面上各种人文现象的分布、演变、扩展、传播以及人类社会活动的空间结构的学科，它以人地关系为基础，而人地关系随着人类社会活动的进化而连续变化，所以侧重于地域分布特征及人文现象与地理环境的相互关系。近几十年，尤其是英美两国，人文地理学经过计量革命，采用模型方法，响应社会福利运动，在学科内容和研究方法上改进和创新，与各学科结合，在解决世界性社会福利方面做出很大贡献[34]。现代人文地理学在研究方向上经过“关联运动”① 转向解决资源、城市、环境以及公共服务水平等人类可持续发展问题，分析其行为因素和寻求解决途径，在方法上既采用地理学中传统方法（如实地调查、地图等）和现代方法（如卫星图片、地理模型等），也引进大量的社会科学方法（如抽样调查、定量技术、行为学等研究方法），为以主体功能区为框架基本公共服务的均等化研究，提供更为有效的、系统的方向、思维方法的指导。

2.3.5.2 空间结构观念是各功能区基本公共服务研究的地理背景

经济地理学是人文地理学的分支，研究人类经济活动地域体系的形成过程、结构特点和发展规律。克鲁格曼认为经济地理学即经济活动的区位论[35]，1926

---

① 关联运动：即从传统的人文地理的以小区域、经济区划和文化景观研究转向以环境保护、资源利用以及人民生活等解决现实社会问题的研究的方向性转变。

年，德国农业经济学家约翰·杜能开创了区位论研究的先河[36]，后有韦伯创立的工业区位论、克里斯·泰勒的中心地理论等发展。区位论立足于一个地区，以静态局部均衡分析方法，着眼于农、工、商的市场扩大或优化。20 世纪 90 年代以克鲁格曼为代表经济学家把以空间经济现象作为研究对象的区域经济学、城市经济学等传统经济学科统一起来，构建了“新经济地理学”[37]。其立足于整个国民经济，着眼于整体空间结构下经济活动的最优组织的，运用投入产出、线性规划等数学方法来对区域经济运行的动态性、总体性进行描述，揭示经济活动空间的复杂性。空间结构是城市空间、农业空间和生态空间等不同类型空间在国土空间开发中的反映，其变化一定程度上决定着经济发展方式及资源配置效率。主体功能区是经济在空间结构上的反映，是调整和优化空间结构、提高空间利用效率的措施，很多发达国家利用空间规划来推进基本公共服务均等化，如德国、法国和意大利。经济地理学是各功能区公共服务空间研究的地理背景与现状，空间结构上的各功能区划为公共服务研究提供方法论指导。

2.4　国内外研究进展

2.4.1　国外研究动态

西方国家将公共服务视为公民与生俱来的权利，相关研究与实施都较早，已借助经济转型过程的机会及时实现政府职能转变，增强基本公共服务水平，目前已形成多元化的供给格局，相关的研究涉及公共服务的影响因素、效果分析、多元化的供给模式以及制度机制方面。

2.4.1.1　对公共服务水平的影响因素研究

分析研究公共服务的影响因素，有利于公共服务的各项政策得以落实，提高公共服务水平。克劳斯·丹宁格[38]认为民主程度有利于监督公共服务的执行，阿尔贝托[39]研究证实民主程度影响公共服务的可获得性，张会东[40]研究证明民主程度越高对公共品的投资越稳定，古曼[41]分析和研究证实，政策的设计与执行以及腐败会影响公共服务的实施效果，蒂布特[42]、本·洛克伍德[43]认为竞争使公共服务均等化具有可实现性，能够达到帕累托最优，哈特[44]认为公共服务的质量与效果需要法律的强制措施来保证，蒂娜·L·威廉姆森[45]认为公共服务水平与政策的执行结果尤其相关，罗希特·维尔马[46]证实公共服务的质量不但需相应的政策调整且要符合消费者的需求偏好。

2.4.1.2 对公共服务供给效果的研究

绍米·拉尔[47]以印度为例证实公共服务对贫困地区的影响大于经济较好地区，安妮·华特[48]也证实了公共服务对低收入者有利，劳伦·M·麦克莱恩[49]论证了经济贫困地区对公共服务的利用率高。提亚斯[50]对公共服务的开放时间与可接近性研究证实，如果对良好的公共服务设施设定开放的时间会提高其利用效率。蒂斯布特尼[51]认为人口聚集度高的城市公共服务的人均提供成本较低会引起对私人公共消费品的替代，所以提高大城市公共服务支出会使配置更有效；罗伯特·德[52]认为加强公共服务的区域自治会提高供给的外部效应，否则城市会开发农村来提高自己的公共服务水平，使农村的公共服务供给更加不足。桑托什·麦罗特拉[53]认为从缩小贫富差距角度来看，国家必须优先关注为经济贫困阶层提供公共服务，通过民众组织和非政府组织的支持和关注，不但提高公共服务的资源基础，而且极大提高公共服务提供者的责任，使贫困者也能有成本效率的选择机会。

2.4.1.3 对公共服务供给模式的研究

发达国家提倡公共服务的提供模式多元化，其供给模式较成熟。对供给主体方面的研究，艾娃·艾克尔[54]探讨了国家提供与私人竞争共存下，国家管理配置起主要的作用。莱格·斯托尔特[55]以瑞典老年服务为例，分析了公共服务私人提供对公共服务水平的增长及质量提高的积极作用。罗斯诺[56]提供了西欧和北美的公私合作形式；在供给方式方面的研究，米格尔·阿马拉尔[57]以法国和伦敦的交通公共服务为例，探讨了拍卖和竞争的方式提高公共服务的供给能力，摩顿·班纳森[58]分析了委托方式有效推动公共服务的提供。克劳丁[59]通过对法国水利的研究证实，捆绑式委托能够提高公共服务的供给水平和执行能力。贝亚特里斯[60]通过以西班牙多元的公共服务供给方式对人们生活质量的影响为例，表明分权制利于公共服务的提供。

2.4.1.4 制度及政策机制的研究

完善公共服务的政策机制，保障公共服务从供给到执行的效果，是公共服务研究的重点。理查德[61]和路易斯·卡普洛[62]认为税收是公共服务的自我供给能力的保障，奥兹[63]、鲍德威[64]等也研究了实现公共服务均等化的主要财政工具对提高福利水平的作用，罗伯特[65]对德法美等国的研究表明，从中央到地方的转移支付在世界广泛存在。法尔金[66]的“奖惩机制”是对公共品提供者提供了偏离平均水平公共品的行为进行惩罚，并应用于大学公共服务环境，证实奖惩机制对公共服务的效率带来积极的影响。瓦里安[67]的“补偿机制”是对公共服务提供者之间进行补偿，这一机制为转移支付提供了依据。奖惩模式体现博弈论纳什均衡的分配效率，而补偿模式体现了纳什均衡子博弈的分配效率。于尔根·巴拉赫特[68]证实两种机制都利于提高公共服务能力，都可运用于现实生活，但从提高公共服务的效率而言，前者的作用更可靠。

2.4.2　国内研究进展

我国对公共服务的研究侧重于基本公共服务与均等化两个方面，目前的供求矛盾处在基本公共服务的供给与需求，即满足人们生存与发展的基本公共服务需求，实现基本公共服务的均等化阶段。

2.4.2.1　基本公共服务均等化的内容与范围方面的研究

迟福林[69]认为我国基本公共服务的范围应包括公共卫生、义务教育和环境保护等七个方面，常修泽[70]认为现阶段基本公共服务均等化包括基本民生、公共事业等四个方面，陈昌盛[71]认为“基本”是义务教育、公共卫生、社会保障方面。国家发改委宏观经济研究院课题组则把全国性基本公共服务的范围划定为：公共卫生、基本医疗、义务教育、社会救济、就业服务、养老保险和保障性住房。对公共服务的均等化标准目前并无共识，大多是研究不均衡的现状，卢洪友[72]等从投入、产出、受益三个维度评估了 2003～2009 年各省公共服务均等化程度，提出相应政策建议。樊丽明[73]等分析了我国城乡公共服务非均等的现状并以山东三市为例，分析动因，提出相应的阶段性建议。

2.4.2.2　基本公共服务的区域差异与可达性研究

对基本公共服务的区域研究，是基于行政区划或经济区划对基本公共服务的时空差异的分析。李敏纳、覃成林[74]对 1990 年以来中国省级单位的社会性公共服务的分析指出，中国社会性公共服务的空间分异呈现总体偏高，东高西低格局。曾国平、王正攀[75]以 2000 年和 2009 年截面数据研究了中国西部基本公共服务水平，证实全国四大区域公共服务水平呈现东部高于东北部、东北部高于西部、高于中部，非均等化现象明显。豆建民、刘欣[76]分析中国 1994～2008 年基本公共服务水平，提出加快城镇化，促进人口向城市空间集聚，降低人均基本公共服务供给成本，加快区域均等化。马慧强、韩增林等[77]研究了 2009 年各市基本公共服务质量，证实各市空间差异明显，呈现从东部沿海到中西部逐步降低；

可达性评价技术用于衡量不同群体对特定社会服务设施的接近度，也用于评价公共服务的公平性，确定应关注的区域。陆大道院士[78]以德国为例指出提高区域可达性是区域公共服务发展的前提条件；王远飞[79]运用 GIS 与 Voronoi 多边形的地理可达性计算方法研究上海浦东新区的公共医疗服务可达性；吴建军、孔云峰[80]利用 GIS 对河南兰考的两级医院的可达性进行分析，探讨了医疗设施的空间分布问题。

2.4.2.3 基本公共服务均等化政策与影响因素研究

胡继亮[81]考察了各省公共服务水平后认为，各地经济发展不均衡和各地的公共投资能力的较大差异是区域基本公共服务差距存在以及不断扩大的根本原因。于树一[82]认为补偿原则为政府转移支付政策以及实现基本公共服务均等化提供了理论基础。徐诗举[83]认为完善的法律体系是实现公共服务均等化的制度保障。张亮[84]等通过探讨俄罗斯公共服务实现的政策手段，认为完善的转移支付法律体系是实现基本公共服务均等化的制度保障。熊振兴等[85]提出实现基本公共服务均等化需要加强各级政府的转移支付，改革户籍和土地制度，推动城市化。豆建民[86]等认为引导人口流向人口承载力强的地区，促进人口向城市空间集聚，降低人均基本公共服务的供给成本，推动区域间基本公共服务均等化。吕炜[87]等通过研究我国各省公共服务水平，认为供给导向型的提供模式没有注重需求，影响公共服务均等化。滕堂伟[88]等认为在不考虑转移支付和政府提供公共服务的效率影响下，区域经济的发展水平决定了区域基本公共服务的水平。

2.4.2.4 评价指标体系的研究

李剑[89]认为构建基本公共服务的评价指标体系，应当从投入类、能力类以及效果类综合进行整体评价，江易华[90]从社会公正角度构建县级政府基本公共服务绩效评估指标，王新民等[91]采用多层次灰色关联综合评价模型建立基本公共服务均等化水平评价指标体系，侯惠勤[92]等从主观满意度和客观投入两个维度 9 个方面构建 3 层 84 个指标对我国 38 个城市的公共服务进行评价，得出东部城市的公共服务水平高于中西部城市。

以人为本的可持续发展观，重视人在社会中生产能力与发展的基本需求，即人的基本公共服务需求。国外对公共服务的研究进入后期效果评价完善阶段，而我国处在空间分布以及理论的探讨阶段，这些研究为我们进一步研究提供了理论以及方法上的经验。当前基本公共服务研究需要解决的问题是：第一，基本公共服务与公共服务的界定，公共服务的范围很广，涉及人生存与发展，且现代社会多元化的需求增加，而基本公共服务是基础性；第二，探讨提高基本公共水平，实现均等化的有效研究与评价体系，主体功能区划后各类型区基本公共服务的均等化评价；第三，对均等化的界定，现有的研究只是从时空方面进行比较，得出各阶段或者各区域公共服务的不均等，但应达到什么水平，缺乏对基本公共服务临界值的研究；第四，基本公共服务在实现可持续发展中的作用、程度，基本公共服务与可持续发展的耦合程度；第五，供给与需求的均衡，基本公共服务的供给主体是政府，而现阶段对基本公共服务的建设与投入存在“一刀切”的局面，人口流入区域和流出区域按照统一的规格，并没有考虑群众的需求种类和数量，导致配置不合理，所以需要进一步的研究；第六，法律与政策的完善以及连续性研究，完善的法律体系与连贯的政策机制是基本公共服务均等化实现，人民享受基本公共服务的保障，如 2009 年启动的医疗体制改革，使医疗卫生方面的公共服务飞跃式发展，对服务型政府的信任以及社会评价也随之高涨。当前以及以后的研究应结合前沿动态与我国实际情况，以解决我国基本公共服务建设、实现各区域、各群体基本公共服务的均等化为主要任务，推动政府以及学术界更多的关注与努力。

2.4.3 我国实现公共服务均等化的新动态

基本公共服务是人们生存与发展的基本需求，良好的基本公共服务为人力资本的提高提供条件。区域间、群体间基本公共服务的均等化是消除贫困、提高人们生活质量的基本体现，也是可持续发展的必然要求。均等化也是一个资源要素在空间合理配置、合理流动的均衡问题，所以实现公共服务的均等化过程也是空间均衡的过程，如何合理划分和规划空间顺序，以制定适合空间特点的政策体系，实现均衡，也是经济地理学长期关注与研究的内容之一。

经济发展、资源开发利用、生态建设、环境保护，消除贫困，提高人民生活质量等评价研究，借助于科学合理的空间单元基础，以此制定和落实区域的政策机制。以行政区划或经济区划为单元，不能反映不同区域的地域主体功能区对整体发展的影响，也不能反映不同区域的地域属性，长此以往，使得对消除贫困的前提失去可比较性，也就不能真实反映要消除贫困地区的实际需求，而使各项政策效率不高。主体功能区以自然、人文地理环境的区域差异性以及地域分异规律为驱动，打破传统的区域经济发展思维与发展模式，体现以人为本的发展理念[93]。对承担经济发展职能的区域，提高公共服务水平，鼓励产业发展、推进城市化建设，提高我国的竞争力。而对承担农业与生态建设的区域，以横向与纵向的转移支付弥补财政收支差异，大力提高其基本公共服务水平，缩小与经济发展区的公共服务差距，实现均等化。

总之，主体功能区是我国在理论与实践上，实现基本公共服务均等化的新举措，也是结合地域属性缩小区域差距、实现均衡的有力措施。

本章小结

公共品研究有极广泛的理论基础，早期公共品概念就是现在公共服务的内涵，对基本公共服务研究的理论基础和研究进展的梳理有助于明确研究的主旨、思路以及框架和方向。把握研究动态，有助于总结优缺，建立研究的理论与实践基础，提高应用价值。

（1）理论基础：基本公共服务研究通过以管理学政府公共管理的职能与手段，以实现社会学中追求的公平与正义为原则，并以专门的公共品理论为引导，以地理学的框架以及方法，实现基本公共服务提高福利经济目的。

（2）研究进展：国外的相关研究较为成熟，形成多元化的供给模式，其现阶段的研究集中在绩效考核以及政策完善方面。国内尚处在公共服务的范围、内容、评价体系以及均等化水平研究阶段。主体功能区是我国在理论与实践上，结合地域属性缩小区域差距，实现基本公共服务均等化的有力措施。

结合国内外研究进展以及我国实际，需要进一步解决的是实现主体功能区框架下各区域人们基本公共服务享受的机会均等，结果的大体均等。建立均等水平的临界度，鼓励探索多元化的供给模式，完善各项监督评价制度。

第3章

甘肃省区域差异与主体功能分区

3.1 甘肃省区域差异

甘肃省域位于东经90°13′~108°46′、北纬32°31′~42°57′之间，东部邻接陕西、南部邻接四川、西部连接青海，北部接壤内蒙古、宁夏两自治区，并与蒙古国交界，国土面积42.58万km^2，占全国的4.4%。域内地势起伏巨大，窄长分布，平面呈北西—南东方向延伸的狭长带状，南北长约1650km，东西宽约1500~300km，且陇东和甘南仅25km和40km，最大长宽比14:1。甘肃省是个多山与高原，完全没有低海拔平原，气候干旱、降水量偏少的省份，其中山地、高原、沙漠、河谷交错，地貌复杂，团聚性差，生态脆弱、环境质量较差[94]。全省共有耕地516.4万公顷（7749.56万亩），坡耕地占多数，地理上处于主要的农牧交错地带。交通上，是联结西部与中东部地区、加强与中亚各国的文化和经贸往来上不可替代的枢纽，也是我国西部地区的重要能源、原材料生产、农副产品基地。全域各地区经济水平与人口分布极不均衡。以黄河为界：河西地区，河西走廊地势平坦，光热良好，被称为“戈壁绿洲”，人口集聚度。而河西走廊以南海拔高且是冰川植被区，以北沙漠荒原，人烟稀少；河东分为陇中、陇东、陇南和甘南四大区域，陇东、陇中地区有土地垦殖率高的黄土高原，农业历史久，人口较多。陇南地区山高谷深，植被覆盖率高，山地和丘陵相衬，人口往徽成盆地、白龙江、西汉水等河谷集聚。甘南地区属青藏高原的一部分，山地高原相间，地势高、气候冷，以牧为主，人口密度低。行政管辖中，甘肃省辖14个地级单位，其中12个地级市、2个自治州。共有87个县级行政区，其中17个市辖区、4个县级市、58个县、7个自治县。共有1227个乡镇，其中建制镇457个、乡770个。是一个包含蒙、藏、回、维、汉等44个少数民族（第五次人口普查）的多民族地区。甘肃省自然地理条件和资源环境状况极为复杂，生态系统的类型多样，在地理、气候、民族、经济诸方面都处于我国过渡带。各区域的主体功能存在较大的差异，并且有50个自然保护区，保护区总面积占省域面积10%以上，禁止开发，是国土空间上功能最复杂的地区。同时甘肃是西部欠发达的省区，贫困面大，经济社会发展水平较低，生态保护与地区发展存在较大矛盾。

3.2 主体功能区概述

3.2.1 主体功能区的意义与作用

以描述分析、管理、计划或制定政策等为目的，作为一个应用性整体加以考虑的一片地区，即区域。对区域的划分利于政府针对不同区域实施不同的经济政策，促进区域经济协调发展。区域的划分方法有不同的标准，有以各级经济区系统为研究单元的行政区划、以各级行政区划为研究单元的经济区划、以具有某相似性的一类区域为研究单元聚类区划等。新中国成立至今，我国对区域的划分因经济政策所需采取了不同依据，改革开放前依据工业产业的分布采用两分法，即"沿海和内地"；"七五"时据地理位置以及经济发展水平采用"三分法"，首次将全国划分为东、中、西部三大经济地带，提出实施西部大开发战略、加快中部地区发展、提高东部地区的发展水平；在"十一五"规划纲要中提出东、中、西和东北四大区域的"四分法"，即推进西部大开发，振兴东北地区等老工业基地，促进中部地区崛起，鼓励东部地区率先发展。一国的国土空间广阔而具有多种功能，各区域不能按照统一的发展模式，"十一五"规划中提出的按照不同区域的发展属性划分的主体功能区是一种聚类区划，对经济发展模式与基本公共服务水平的提高具有很大的开拓性。主体功能区划分的目的在于协调各要素的关系，实现可持续发展，但可持续发展要求政府明确合理的经济、财政，社会公共职能，摒弃过去强调社会经济职能，忽视生态公共职能的政策与观念[95]，避免生态环境恶化以及人民福利的下降。

主体功能区，是据不同区域的资源环境承载能力、现有开发强度和发展潜力，将特定区域科学划分为特定主体功能定位类型的一种空间单元。不同功能区的核心不同，则主体功能不同。通过确定不同区域的主体功能，实行分类管理的政策，引导或规制区域的开发活动，形成人口、经济、资源环境相协调的格局。自2006年《中华人民共和国国民经济和社会发展第十一个五年规划纲要》中我国首次提出主体功能区的战略规划，2007年国务院下发《关于编制全国主体功能区规划的意见》，我国主体功能区规划进入实施阶段，2008年胡锦涛主席提出未来服务型政府建设的关键是建立基本公共服务体系，长远目标是基本公共服务均等化的实现，使主体功能区的完善以及目的更明晰；2010年《国务院关于印发全国主体功能区规划的通知》推进形成主体功能区的基本依据和行动纲领以及实现目标时间；2013年十八届三中全会提出划定生态保护红线，坚定不移实施主体功能区制度，并在考核政策上区别进行。这些过程表明，我国以主体功能区的定位发展逐渐清晰化、系统化。

3.2.2 主体功能区的分类

主体功能区分为三类：以开发方式可分为优化开发区、重点开发区、限制开发区和禁止开发区；以开发内容可分为城市化区、农业区和生态区；以层级可分为国家级和省级。《全国主体功能区规划》以开发方式将我国国土空间分为：优化开发区、重点开发区、限制开发区和禁止开发区。对各功能区的理解不能望文生义，主体功能不等于唯一功能，各类功能区在经济社会发展中的地位同等重要。划分主体功能区，是从全局和长远利益出发解决日益突出的区域发展问题，明确发展方向，规范开发秩序，针对特定区域的具体情况，发挥比较优势、采取差别化政策、优化资源配置。其不谋求各区域经济发展水平的一致性，而谋求协调人口、资源和环境的关系，推进实现各区域人民生活水平的提高，保证部分区域公民享受基本公共服务机会与结果的大体一致性。国家发改委在“关于推进形成主体功能区的基本思路”中提出：从资源环境承载能力、现有开发密度、发展潜力三个方面综合评价，即从综合资源环境的承载力与开发适宜度的发展潜力出发，比较各区域的主体性质，如图3－1所示：

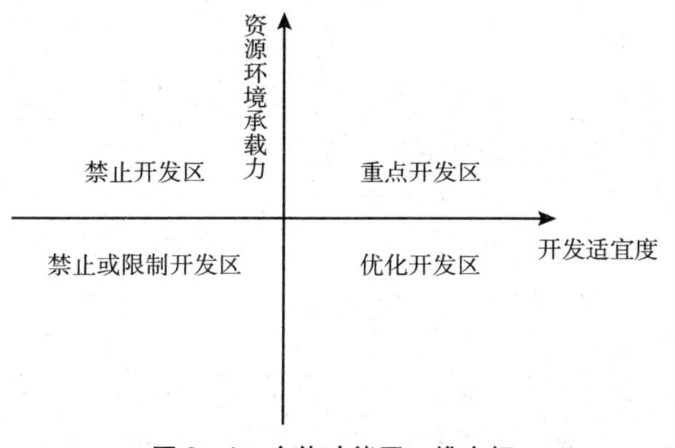

图3－1 主体功能区二维坐标

3.2.2.1 优化开发区

优化开发区，是开发适宜度高，但资源环境承载力有限的地区，在坐标的第四象限。该区域经济比较发达、人口密度大，吸引技术人才以及资金流入，是各种生产要素集中的区域，开发强度较高。但是受到资源环境承载力的限制，应该优化进行工业化城镇化开发的城市化地区。

3.2.2.2 重点开发区

重点开发区，是开发适宜度高、资源环境容量大的地区，在坐标的第一象限。表现在全省范围内，有一定经济发展基础、较高的人口集聚度、资源环境承载能力较强、发展潜力较大的区域。从全省发展来看，这类区域具备形成城市经济区的基础条件，能够吸引产业集中，应重点进行工业化、城镇化开发，承接限制开发区域和禁止开发区的人口转移，但需要注意资源配置效率。

3.2.2.3 限制开发区

限制开发区，是资源环境承载力小、开发适宜度低的地区，在坐标的第三象限。该区域分为农产品主产区和生态功能区两种，前者因耕地较多质量较好，以承担保障农业与粮食安全为主要职能，以增强农业综合生产能力作为发展的首要任务。后者资源环境承载能力较低、生态系统脆弱，以承担区域的生态责任为主要职能。基于此，这两类区域限制进行大规模、高强度、工业化、城镇化开发。限制开发区在主体功能区的主要责任在于保护和发展农业、缓解和修复生态，发挥了更多的公共职能。但该区域有大量人口，所以要有效地提高该区域的基本公共服务水平，保障所需。

3.2.2.4 禁止开发区

无论资源环境承载力的高低，都不适宜开发的地区是禁止开发区，在坐标的第二象限，主要是依法设立的各级各类自然文化资源保护区、重点生态功能区。相对于限制开发区，禁止开发区因为本身是自然保护等区域，有相关相应的法律与政策规范。禁止开发区主要承担区域的生态安全职能，发挥公共服务职能。该区域人们的收入来源窄、收入水平低，亟待解决基本公共服务，保障生存与发展的基本公共服务需求。

与以往的各种分区相比：首先，主体功能区的目的和依据不同；依据聚类划分，从共性上突破，找出适合一类区域合理发展的模式，开发与保护结合，明确了区域的方向。其次，理念不同，以“以人为本”的理念实现不同区域的基本公共服务均等化，享有大体相当的生活水平，改变了长期以来以地区经济总量为出发点和目标的观念，从重视经济的发展到重视人民福利的改善，是一大历史进步。最后，划分方法的突破性，与以往的自然区划、经济区划等不同的是，功能区以资源环境承载能力、现有开发强度和发展潜力进行分区，突破了行政区划的界限，即正视了有共性均质区域生态功能的资质，尊重自然规律，又防止在政策实施过程地方行政区的地方保护主义干扰。

3.2.3　国家主体功能区划中甘肃省的概况

根据全国主体功能区划，国家层面的主体功能区是全国“两横三纵”[①] 城市化战略格局，“七区二十三带”[②] 农业战略格局，“两屏三带”[③] 生态安全战略三大战略格局的优化开发、重点开发、限制开发、禁止开发四类主体功能区。甘肃省只有天水市的部分区域和兰州为中心的部分区域在“两横三纵”中的“关中—天水地区”带和“兰州—西宁地区”带上[④]，其他区域是承担农产品主产地责任的限制开发区，以及国家重点生态功能责任的禁止开发区。实际上，全国 1/4 的自然保护区位于国家贫困县[⑤]，而 900 多个自然保护区大部分分布在中西部地区。甘肃省是西北最不发达地区之一，有 50 个自然保护区，占总面积的 10%，在欠发达的经济现状下承担了很重的公共职能。在全国主体功能区方案中，大部分区域以承担公共职能为主，如祁连山水源涵养林自然保护区和白水江自然保护区等地被列入禁止开发区范围，陇东的华池、庆城、镇远、环县 4 县被列入黄土高原丘陵沟壑水土流失防治区，甘南的合作、临潭、卓尼、碌曲、玛曲、夏河 6 地被列为黄河重要水源补给生态功能区，陇南的两当、康县 2 县被列入秦巴山区生物多样性功能区。

---

① 两横三纵为主城市化战略格局：即以陆桥通道、沿长江通道两条横轴，以沿海、京哈京广、包昆通道为三条纵轴，以国家优化开发和重点开发的城市化地区为主要支撑，以轴线上其他城市化地区为重要组成的城市化战略格局。

② 七区二十三带为主体农业战略格局：即以东北平原、黄淮海平原、长江流域、汾渭平原、河套灌区、华南和甘肃新疆等农产品主产区为主体，以基本农田为基础，以其他农业地区为重要组成的农业战略格局。

③ 两屏三带为主体的生态安全战略格局，即以青藏高原生态屏障、黄土高原—川滇生态屏障、东北森林带、北方防沙带和南方丘陵山地带以及大江大河重要水系为骨架，以其他国家重点生态功能区为重要支撑，以点状分布的国家禁止开发区域为重要组成的生态安全战略格局。

④ 国务院关于印发全国主体功能区规划的通知。

⑤ 资料来源于 2007 年国务院发展研究中心“主体功能区分类管理区域政策研究”课题组。

3.3 甘肃省的主体功能区划分

3.3.1 甘肃省主体功能区划方法

国家发展与改革委员会在“关于推进形成主体功能区的基本思路”中的主体功能区划分的标准，从资源环境承载能力、区域开发密度和区域发展潜力三个方面分10个类指标。甘肃省主体功能区划前期研究课题组结合《全国主体功能区规划》、《国家省级主体功能区分技术规程》以及主体功能分区的指导原则，统筹考虑未来甘肃省人口分布、经济布局、国土利用和城镇化格局，建立可利用土地资源、可利用水资源量、环境容量、生态系统脆弱性、生态重要性、人口聚集度、经济发展水平、交通可达性、自然灾害危险性九项指标评价体系，采用定性和定量相结合、空间叠加方法分析，以行政区划图为底图，以县级行政区为基本评价单元，将甘肃省国土空间划分为重点开发区、限制开发区和禁止开发区三类主体功能区[96]。根据甘肃省发展和改革委员会《甘肃省主体功能区划前期研究报告》以及牛叔文先生的相关研究，整理如下：

3.3.2 甘肃省主体功能区分布

以国家主体功能区划的划分方法为指导，结合甘肃省地理、经济、社会等实际情况，将甘肃省功能区划为三类[97]，重点、限制、禁止开发区，如表3－1所示：

表3－1 甘肃省主体功能区划

甘肃省主体功能分区	Ⅰ重点开发区	1. 酒泉、嘉峪关重点开发区（肃州区、嘉峪关市） 2. 张掖重点开发区（甘州区） 3. 金昌、武威重点开发区（金川区、永昌县、凉州区） 4. 兰州—白银重点开发区（兰州市5区、榆中县、白银区） 5. 天水重点开发区（秦州区、麦积区） 6. 平凉重点开发区（崆峒区、华亭县）
	Ⅱ限制开发区	1. 河西西部生态保护限制开发区（敦煌市、瓜州县、金塔县、肃北县（北片）、玉门市） 2. 祁连山水源涵养限制开发区（阿克塞县、肃北县（南片）、肃南县、天祝县） 3. 河西走廊中段农业限制开发区（临泽县、高台县、山丹县、民乐县）

续表

甘肃省主体功能分区	Ⅱ限制开发区	4. 石羊河下游沙漠化防治限制开发区（民勤县） 5. 黄河沿岸灌溉农业限制开发区（古浪县、景泰县、靖远县、平川区、皋兰县、永登县、永靖县、临洮县、安定区、会宁县） 6. 陇中黄土丘陵水土保持限制开发区（渭源县、陇西县、通渭县、武山县、甘谷县、秦安县、庄浪县、静宁县、清水县、张家川县） 7. 临夏黄土丘陵农业限制开发区（临夏市、和政、广河、康乐、东乡、积石山、临夏县） 8. 西南山地丘陵旱作农业限制开发区（宕昌县、西和县、礼县、岷县、漳县） 9. 陇东北部黄土丘陵水土保持限制开发区（镇远县、环县、华池县、合水县、庆城县） 10. 陇东南部农业限制开发区（泾川县、崇信县、灵台县、西峰区、宁县、正宁县） 11. 甘南黄河水源补给生态功能区（合作市、夏河、玛曲县、碌曲县、卓尼县、临潭县） 12. 陇南山地生态限制开发（迭部、舟曲县、成县、徽县、康县、两当县、文县、武都区）
	Ⅲ禁止开发区	1. 安南坝禁止开发区（阿克塞县境内） 2. 敦煌西湖禁止开发区（敦煌市境内） 3. 安西极旱荒漠禁止开发区（瓜州县境内） 4. 盐池湾禁止开发区（肃北县境内） 5. 祁连山水源涵养林禁止开发区（张掖市、武威市境内） 6. 白水江自然保护区禁止开发区（文县境内） 7. 小陇山森林保护禁止开发区（秦州区、麦积区境内） 8. 子午岭森林保护禁止开发区（华池、合水、正宁、宁县　境内） 9. 太子山森林保护禁止开发区（卓尼等县境内）

3.3.2.1　重点开发区

包括六个亚区，分布在河西绿洲、河东地区河谷川道和盆地等资源组合好的地方，具有承接优化开发区的产业转移，承接限制开发区域和禁止开发区域的人口转移，成为支撑全省经济发展和人口集聚的重要载体。在此区域突出各重点开发区的功能定位，加快工业化和城市化过程，能较大改善人民生活质量、提高基本公共服务水平。

3.3.2.2　限制开发区

包括十二个亚区，甘肃的许多限制开发区人口压力大，生态修复和环境保护要求高，限制工业化的发展后，财政收入减少，能为基本公共服务提供财力保障的水平不高，必须结合区域特点寻找适宜的产业发展类型，完善相应的政策，提高这类区域基本公共服务水平，如加大转移支付、进行生态补偿。但“授之以鱼而不如授之以渔”，补偿以及转移支付不是永久的措施，最重要的是探索适合该类区域发展的产业，支持经济社会发展，否则长此以往，将会出现“马太效应”。

3.3.2.3 禁止开发区

包括九个亚区，其自然资产和生态服务的价值远大于人类活动的收益。该区域经济收入极少，需要更多的外部力量来改善和提高基本公共服务。

结合表3－1甘肃各县区所处的功能区，基于研究需要，将甘肃省所有县区按主体功能区类型归类，前17个为重点开发区，后70个为限制和禁止开发区。因限制开发区和禁止开发区交叉性强，有的限制开发区也包括了一些禁止开发区，在产业发展政策上两者也具有同质性，所以将其作为一个整体类型分析，见表3－2所示。

表3－2　各功能区的县区单元编号（分区只用研究对比）

各功能区的县区单元编号
重点开发区： 1 城关区 2 七里河区 3 西固区 4 安宁区 5 红古区 6 榆中县 7 嘉峪关市 8 金川区 9 永昌县 10 白银区 11 秦州区 12 麦积区 13 凉州区 14 甘州区 15 崆峒区 16 华亭县 17 肃州区
限制和禁止开发区： 18 永登县 19 皋兰县 20 平川区 21 靖远县 22 会宁县 23 景泰县 24 清水县 25 秦安县 26 甘谷县 27 武山县 28 张家川 29 民勤县 30 古浪县 31 天祝县 32 肃南县 33 民乐县 34 临泽县 35 高台县 36 山丹县 37 泾川县 38 灵台县 39 崇信县 40 庄浪县 41 静宁县 42 金塔县 43 瓜州县 44 肃北县 45 阿克塞 46 玉门市 47 敦煌市 48 西峰区 49 庆城县 50 环县 51 华池县 52 合水县 53 正宁县 54 宁县 55 镇原县 56 安定区 57 通渭县 58 陇西县 59 渭源县 60 临洮县 61 漳县 62 岷县 63 武都区 64 宕昌县 65 成县 66 康县 67 文县 68 西和县 69 礼县 70 两当县 71 徽县 72 临夏市 73 临夏县 74 康乐县 75 永靖县 76 广河县 77 和政县 78 东乡县 79 积石山 80 合作市 81 临潭县 82 卓尼县 83 舟曲县 84 迭部县 85 玛曲县 86 碌曲县 87 夏河县

总之，区域的划分是为不同经济发展程度地区制定不同的经济政策服务，这些区划内部也有发达区与落后区，有适合经济发展区域，也有生态保护区域之别。主体功能区的划分，打破过去以经济区划和行政区划为单元来评价发展水平的局限，利于结合不同类型区人们共同的需求，分析同一区域内、不同区域间基本公共服务的均等化问题。主体功能区的划分直接决定和影响着不同类型区公共服务的供给水平，以及人们享受基本公共服务水平的权利，也就直接决定和影响不同功能区人们的生活质量以及可持续发展水平。在主体功能区划框架下，具体问题具体分析，有效解决基本公共服务“弱区乃至盲区”，实现均等化，提高人民生活质量，缩小区域差距，实现可持续发展。

3.4 主体功能区与基本公共服务均等化的关系

关于主体功能区与基本公共服务均等化的关系，目前有以下几种观点：第一种观点认为，基本公共服务均等化是前提与手段的关系而主体功能区是目标，即基本公共服务均等化是推进主体功能区战略的前提条件和主要手段，没有基本公共服务均等化，就不能使主体功能区形成并转化为理性的行动[98]。第二种观点认为，主体功能区与基本公共服务均等化是阶段性与长久性、出发与归宿的关系。包括三层：首先，推进形成主体功能区是阶段性目标，实现基本公共服务均等化是长久性目标。其次，推进形成主体功能区是综合性目标，实现基本公共服务均等化是单一目标。最后，推进主体功能区是实现政策目标的方式和手段，实现基本公共服务均等化是推进主体功能区的目标和归宿[99]。第三种观点认为，主体功能区与基本公共服务两者互为因果关系，前者是目标后者就是手段，后者是目标则前者就是手段[100]。

首先，在我国“十一五”规划强调依照资源环境的承载力、发展基础以及潜力等各方面情况，要强化薄弱环节、发挥比较优势、推进均等化的基本公共服务水平，力争形成区域协调发展的良好格局。通过主体功能区，各区域的发展得到更清晰的定位，且东中西部得到有效的良性互动，人民生活以及基本公共服务水平的差距得到明显缩小。所以，基本公共服务均等化是提高人民生活质量、协调区域关系、实现可持续发展的基本体现。基于区域的空间差异，在实现基本公共服务均等化过程中不能“一刀切”，需分区域以有限力量最大化实现提高民生质量与效益。作为基本力量的财政能力，是公共服务均等化实现的手段与工具，只有它才能发挥调节作用，达到均衡效果。

其次，可持续发展观要求各级政府明确和合理各区域的生态、财政、经济以及社会公共职能，然而长期以来，传统的社会经济职能占重要地位，对生态职能的关注和理解不足。2002 年艾琳・瑞恩[101]就提出对承担生态公共职能的区域予以财政支持，并以德国的实践表明，传统的财政系统利于社会经济功能而忽视了某些区域的生态资源功能。因此，要求承担的生态功能与其财政系统的相对等，并在条件允许的范围内，从政策与投入上最大地完善生态职能的末端和基础设施相关的公共品，解决承担生态职能而发展经济薄弱带来收入减少、公共服务投入较少、人民生活水平得不到有效提高的情况。现实中，许多环境产品本身具有公共品的属性，而对承担生态公共服务职能的区域而言，一方面因承担生态职能而丧失了提高公共服务水平的机会；另一方面为其他区域提供了环境公共品，应当受到更多的关注。可持续发展观的执行和生态环境政策、政府经济理论政策紧密联系，需要结合不同功能区域的公共服务水平现状，形成指导国家的、区域间以及本地基本公共服务发展与均等化的有效政策和制度保障。所以，基本公共服务均等化发展的目的，主体功能区是实现基本公共服务均等化的必要载体。提高民生质量是一个长期的过程，只有依据主体功能将国土空间加以适当划分，施以相应的体制与对策，即基本的财政政策为手段按照主体功能区划梯度推进，实现基本公共服务的均等化，缩小区域差距，促进区域协调发展，实现可持续发展。因此，基本公共服务均等化与主体功能区、财政政策的结合与完善，不可割裂。三者的关系是：以主体功能区划为载体，各项政策为手段，实现基本公共服务的均等化。

本章小结

在强化政府公共服务职能后，政府职能核心逐渐转向提高人民生活质量，民生成为社会的热点。基本公共服务是人们生存与发展不可或缺的，保障区域间、群体间均等化的基本公共服务，既是提高人们生活质量的需求，也是可持续发展的需求。

主体功能区划分的目的是实现可持续发展，可持续发展以人为本，所以，主体功能区划后各类型区人们的基本公共服务建设不能回避。甘肃省地处西北地区，经济水平不高，在全国主体功能区中以承担农业和生态为主要职能，整体公共服务的投入水平有限。在省级主体功能区划中，大部分区域处于限制和禁止开发区，基本公共服务建设面临严峻的考验。

实际上，主体功能区不是目的也不是手段，而是以主体功能区为载体和框架，以财政政策为手段，实现基本公共服务均等化，提高人们的生活质量。

第4章

甘肃省基本公共服务水平的空间差异

4.1 研究单元与数据来源

4.1.1 研究单元

甘肃省下辖12市2自治州，包含回、藏族等多民族，是西部大开发省份之一，国家主体功能区划中，甘肃省的大部分区域处于限制和禁止开发区。甘肃省作为西北经济不发达地区之一，经济发展水平不高，2000年甘肃省人均收入3838元，只达到全国人均收入水平的48%，不到全国人均收入的一半。2005年人均收入7477元，只相当于全国人均收入的52%，2010年是全国人均收入水平的53%[①]。同时，甘肃也是西部不发达、贫困发生率高的省份之一，2000年贫困发生率高达74.8%。在国家和省政府重视及人民的努力下，2010年降为21.3%。但仍是贫困发生率在全国最高、农民人均纯收入最低的省份[②]。

4.1.2 数据来源

本书数据来源于四部分：

（1）各专业年鉴：2001年、2006年、2011年《甘肃发展年鉴》、《甘肃省城市年鉴》、《甘肃省农村年鉴》、《甘肃文化文物产业统计资料》、《甘肃交通年

---

① 根据甘肃历年统计年鉴以及国家统计局官方网站数据计算整理。

② 甘肃省扶贫办主任沙拜次力的讲话，中国广播网《央广新闻》2010.03.17，13：59，http：//china.cnr.cn/gdgg/201003/t20100317_506166982.html。

鉴》、《甘肃省财政年鉴》、《中国县市统计年鉴》、《环境质量报告》等专业年鉴数据。

（2）普查数据：《2005 年甘肃省 1% 人口抽样调查资料》，全国第五次、第六次人口普查数据。

（3）官方网站数据：中华人民共和国统计局官方网站数据、中国科学院科学数据库、中宏数据库、甘肃省统计信息网、甘肃省环境保护厅网站等。

（4）各专业部门收集整理以及调研数据：甘肃省发改委、文化厅、城建局、广播电视局、统计局、甘肃省环境监测站等部门提供的相关数据。

4.2 基本公共服务均等化的评价指标体系

已有很多学者对基本公共服务的评价指标体系进行了充分的研究，陈昌盛、蔡跃洲[102]从投入、产出、效果建立 3 类 165 个指标的公共服务指标体系。安体富、任强[103]以地区间公共服务产出角度构建了公共服务均等化水平 4 级 25 个评价指标。基本公共服务是生存与发展所必需，必须考虑群众需要什么，从而“以需定供”，实现供需协调。既要体现投入水平，更要结合现阶段人民群众在生存与发展过程中对公共服务结构的需求。2012 年国家《基本公共服务“十二五”规划》以“学有所教、劳有所得、病有所医、老有所养、住有所居”的要求确定了基本公共服务的范围为：公共教育、医疗卫生、社会保障、基本社会服务、住房保障、人口计生、劳动就业服务、公共文化体育及残疾人基本公共服务八项。广义上的公共服务还包括交通、通信、公用设施、环境保护、公共安全、消费安全和国防安全等领域的公共服务。基本公共服务属于公共服务中的基础性部分，主体功能区框架下的基本公共服务的评价指标体系，应当反映各功能区人们生存与发展对基础性公共服务的需求。

4.2.1 指标选取的基本原则

（1）科学性原则：指标首先要可信，并且能有效地反映、解释和评价基本公共服务水平。指标的选取要依据科学的理论，充分尊重客观规律并结合社会实际，这是最根本的原则，因此数据的获取和计算要建立在科学的基础上。

（2）典型代表性：必须能够充分反映和表达所研究对象的真实情况，确定的单项指标能反映某一研究对象的性质和特征，确定该指标的含义、口径及计算方式能有效反映研究区域的基本公共服务水平及其差距，每项指标都能代表和表达基本公共服务整体。

（3）可比性原则：指标的设计在含义、口径、范围、计算方法等方面应基本统一，具有可比性。因此指标的选取必须考虑到不同县域数据的可比性和前后时间上的连贯性，具有区域间的可比性和时间上的延续性。

（4）系统性和可操作性原则：系统性是选取指标时考虑其系统性，在质和量上具有连贯性，指标的确定、选取、比较直至计算，能反映事物发展的规律性和发展的过程。可操作性是指标的选取要准确反映研究对象本质属性，以现实条件为前提，选择有代表性的指标，数据能够获取、简明扼要，反映和代表较大的信息容量，便于分析运算。

4.2.2 马斯洛“人类需求层次理论”

美国心理学家、人本主义心理学创始人亚伯拉罕·马斯洛提出，人的需求从低到高依次分为生理、安全、社会、尊重和自我实现五个层次，低层次的需要是生理需要，依次向上递增，即马斯洛“人类需求层次理论”[104]，如图4-1所示：

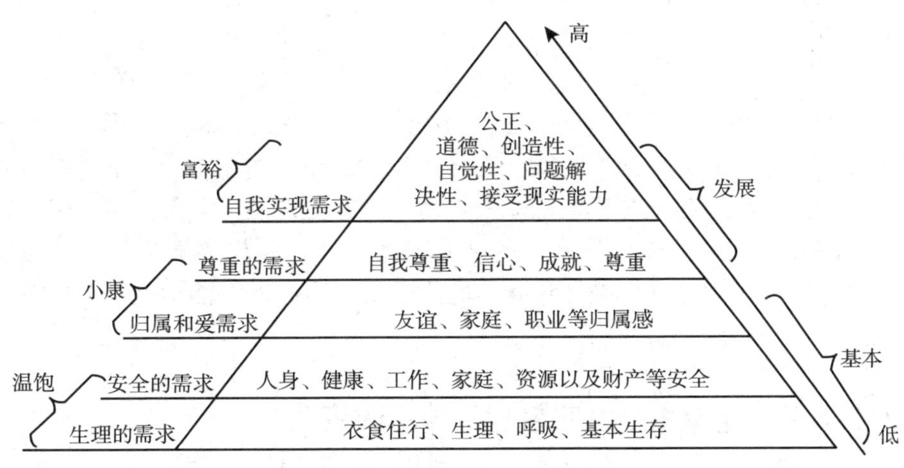

图4-1　马斯洛人类需求层次理论

依据马斯洛人类需求层次理论，前三层次都是人生存所必需的衣食住行、安全等生存方面的需求。第四、第五层次是发展的需求，与公民的生存发展权一致，能反映人们在生存与发展中对基本公共服务的需求层次，所以在构建基本公共服务的评价指标体系时，有必要结合马斯洛需求层次理论。第一层次：生理需求，包括衣、食、住、行等维持人类自身生存的最基本需求，只有这些最基本的需求满足到维持生存所必需的程度才得以稳定。生理需要是推动人们行动的最强大的动力，基本的公共服务设施建设与政策是满足这一条件的前提。第二层次：安全的需求，处在社会中的个体寻求人身、财产、居住等方面一定的安全感，因此需要提供与保障安全方面的基本公共服务，诸如环境、医疗，社会保障等。第三层次：社会需求，人不能孤立存在，人类生存与生活具有社会性特点，个体需要社会，社会由个体组成，社会交往为人类带来生存与发展的可能，爱与被爱、需要与被需要是人具有社会性的一面，也是人区别于其他动物的特征之一。为人们提供教育以及就业方面的基本公共服务是实现这一需求的基本体现。第四层次：尊重的需求，处在不同社会阶层，具有不同社会地位的个体，都希望得到社会的认可与肯定，受到社会与他人的尊重与信赖。马斯洛认为，尊重需要得到满足能使人对自己充满信心，对社会满腔热情，体验到自己生存的价值。同样的劳动、同样的能力付出、得不到公正公共服务待遇，必然会产生区域、群体之间的不和谐，所以要最大限度实现基本公共服务的均等化，保障人们生存与发展享有基本公共服务的权利。第五层次：自我实现的需求，是指实现个人理想、抱负，发挥个人的能力到最大程度，完成与自己的能力相称的一切事情的需要，是最高层次的需求。马斯洛认为，为满足自我实现需要所采取的途径因人而异，但是要有基本的外在。自我实现的需要是在努力实现自己的潜力，使自己实现人生价值，为社会做出相应的贡献，因此均等化的基本公共服务是不同的群体实现生存和发展权的前提环境。从心理学而言，马斯洛需求层次理论符合人类需要发展的一般规律，在人需求的前两个阶段，几乎全部要依赖于外在力量与支持。这五个层次贯穿了人生活中各个阶段，以及人生命中生存与发展的各个阶段，为人们生活各阶段以及生命各阶段提供基本的公共服务保障，是提高人们生活质量的必然，也是政府责任的体现。其评价指标的构建也应当体现生活与生命各阶段对基本公共服务的需求变化。

4.2.3 构建基本公共服务评价指标体系

评价、研究和比较各类型区的基本公共服务水平，需要建立客观、准确、系统的评价指标体系，基本公共服务涵盖了教育、医疗、环境等反映人民需求和政府职能的各方面，2012 年国务院正式印发的《国家基本公共服务体系“十二五”规划》，首次明确了我国基本公共服务的范围和项目，即教育、就业、医疗、住房等 9 大领域 44 类 80 个基本公共服务。并且确立了主要的目标取向，即有效扩大供给、发展较为均衡、服务方便可及、群众较为满意。但是基于县级单元以及主体功能区的特点，不能全面获得87县区的44类数据，因此选取主要的一部分，通过CNKI对以往研究中指标频率的统计，以及指标选取的基本原则，在我国《公共服务"十二五"规划》宏观范围内，结合马斯洛需求层次理论微观内容，建立了目标层、控制层、指标层3个层次8项32个指标的评价指标体系，包括以下内容：

4.2.3.1 基本公共教育服务

教育提高将是全社会的进步，一方面教育提高人的素质与能力，从而使个体得到改变落后现状的能力，起到平等作用。另一方面为国家培养人才，为国家的发展壮大提供人才，起到发展作用。世界银行研究表明，平均受教育年数与人均国民收入之间呈较明显的正相关。所以对我国落后地区来说，教育是脱贫的关键因素，通过提高人口素质，变人口压力为人力资源优势。瑞典教育家托尔斯顿·胡森认为教育公平体现为就学权利和入学机会的起点均等，同一层次教育中条件(学校类型)、质量（教学与师资质量）均等，以及均等的学业成功和就业机会[105]。教育是人们发展的基本需求，它贯穿马斯洛的五个层次。评价中以万人中小学数量、学龄儿童入学率、人均教育投入为正指标，教师负担比、文盲率为逆指标来衡量，教师负担比越大则越不利于教学质量的提高，文盲率小说明人口素质得到提高。

4.2.3.2 基本医疗卫生服务

健康和教育是保障人类生活价值的基本潜能之一，既是发展目标也是发展手段[103]。其中防护性保障是衡量人的自由水平进步的重要指标，基本的医疗服务是防护性保障的主要内容，无论公民居住在国家的哪个地区，基本的健康权都应该得到保障。所以，公民享受的医疗水平是评价基本公共服务均等化水平的指标之一。它属于生理的需求也属于安全的需求，处于马斯洛第一、第二层次。评价中以万人拥有医院卫生院数、万人拥有床位数以及万人拥有医生数为正指标，死亡率为逆指标来衡量，医疗条件越好则公民的健康与生命的保障程度越高，如死亡率高则该地区医疗公共服务供需不均衡（除意外重大灾情外）。

4.2.3.3 基本社会保障服务

对生活与生命安全的需求贯穿了人从出生到死亡整个过程，生活中的医疗、养老、就业等都是对生活保障的诉求，不断的积累物质资本也是基于对未来社会保障的不确定而进行的预先自我保障。因此就业与社会保障是政府为公民提供的基本公共服务之一，是对人们生存与发展的物质和心理保障，也是社会安定和谐的基础。随着我国普及型的养老保险逐渐实施与贯彻，社会保障水平大幅提高，成为一大历史性进步。而随着人口老龄化的来临，独生子女结构下未来老人生活结构以及压力问题，对社会性服务机构的要求会逐渐增大，所以老龄事业保障也是政府基本公共服务的职责之一。评价中以福利机构数、床位以及人均社保支出为正指标，贯穿马斯洛五个层次。

4.2.3.4 基本生活服务

基本生活服务体现了人们的生活状态，是政府综合提供的公共服务，反映了区域的经济发展水平与综合实力，是人民生存与发展权利的前提保障，所以基本的生存与发展状态应有所体现，它贯穿马斯洛需求五个层次。评价中以能直接反映人民生存与发展的基本物质需求中的能源、水利、住房以及收入支出来衡量，均为正指标。实际收入是基本公共服务的保障性因素，区域之间的实际收入水平不但体现实际能力，而且体现各种经济因素作用基础上的上级或中央政府对区域间收入水平的调节作用[107]。指标中的地方财政收入是减去上缴国库的能实际用于投入到提高本地公共服务的自我保障力量。衡量收入的指标中，基于省内县域间城镇居民收入差别不大，而农业结构的差异带来农村居民人均纯收入的差异明显，应以此作为区别和评级指标内容之一。

4.2.3.5 基础设施服务

基础设施是为基本公共服务的其他方面提供硬件设施与外围环境，基础设施水平高的区域其经济能力较高。对各主体功能区来说，基础设施水平的差异很大，重点开发区为吸引优势产业和企业进驻，大力提高基础设施，同时，良好的发展条件以及经济水平使其有充足的资金建设基础设施，从而形成良性循环。限制和禁止开发区则相反。评价指标体系中以公路密度、人均道路面积为正指标，该项内容处于马斯洛第一、第二层次。

4.2.3.6 基本公共文化服务

思想改变行为、行为改变命运，文化传承与科技发展是人民生存与发展的精神需求以及思想动力。文化的传播既弘扬本土文化也了解世界，美国与韩国的文化输出为其带来巨大的经济利益，也提高了公民的民族自豪感，为公共服务的均等化提供了极大的动力。所以传承和发扬民族文化、学习和提高科技文化，既提高了思想意识水平，又加强民族团结进步以及国家发展壮大的基本纽带。我国有五千年的优秀文化传统，需要在世界多文化的融合中继承发扬，这是尊重与自我实现的个人发展需求，也是增强民族自豪感，走向世界的国家需求。该项指标处于马斯洛第三、第四、第五层次，评级中以每万人拥有三馆（图书馆、文化馆、博物馆）和艺术团数、每万人拥有图书馆藏量、各县区广播和电视覆盖率来衡量，均为正指标。

4.2.3.7　基本公共信息服务

信息化的时代，对资讯的掌握与了解成为人们生存与发展必不可少的环节，城镇化率高的区域，其信息就相对发达，个人发展的机会就越多。现代社会，由于智能手机的发展带来通讯与网络的高普及率，使该指标的实际内容逐渐高于我们的评价。电话、网络普及率，广播以及电视覆盖率体现了基本公共信息的普及程度，信息越发达，人口素质以及人的发展就有相对多的机会，在信息化时代，信息的获得以及信息的对称是个人和社会发展的基本条件。该项指标处于马斯洛第三、第四、第五层次，均为正指标。

4.2.3.8　基本公共环境安全服务

马斯洛需求层次论第二层就凸显了人对安全的需求，环境安全既是生存的需求也是发展的需求。对环境安全的保障是政府基本公共服务的职责之一，保障人们的生活质量也保障区域和整体的未来发展。评价中以污水处理能力以及人均公共绿地面积来评价，具体如表 4 – 1 所示：

表 4 – 1　县级基本公共服务评价指标体系

目标层	控制层（8）	指标层（32）		属性
主体功能区的基本公共服务水平评价指标	公共教育服务 A1	A11 每万人拥有中学数	（所）	正
		A12 中学教师负担比	（个）	逆
		A13 每万人拥有小学校	（所）	正
		A14 小学教师负担比	（个）	逆
		A15 学龄儿童入学率	（%）	正
		A16 文盲率	（%）	逆
		A17 生均教育事业支出	（元）	正
	医疗卫生服务 A2	A21 每万人拥有医生数	（个）	正
		A22 每万人拥有医院卫生院个数	（所）	正
		A23 每万人拥有医院卫生院床位数	（床）	正
		A24 死亡率	（%）	逆
	社会保障服务 A3	A31 每万人拥有社会收养单位院数	（个）	正
		A32 每万人拥有社会收养单位床位	（床）	正
		A33 人均社会保障支出	（元）	正

续表

目标层	控制层（8）	指标层（32）	属性
主体功能区的基本公共服务水平评价指标	基本生活服务 A4	A41 人均国内生产总值（元）	正
		A42 农民人均纯收入（元/人）	正
		A43 人均一般预算收入（元）	正
		A44 人均一般预算支出（元）	正
		A45 人均住房建筑面积（平方米/人）	正
		A46 农村人均用电量（千瓦小时/人）	正
		A47 用水普及率（%）	正
	基础设施服务 A5	A51 人均道路面积（平方米）	正
		A52 公路密度（公里/百平方公里）	正
	公共文化服务 A6	A61 每万人拥有三馆、艺术团（个）	正
		A62 每万人拥有图书馆藏量（册）	正
		A63 人均图书馆支出（元）	正
		A64 广播覆盖率（%）	正
		A65 电视覆盖率（%）	正
	公共信息服务 A7	A71 每万人拥有本地电话（户）	正
		A72 城镇化率（%）	正
	公共环境安全 A8	A81 每万人排水管道长度（公里）	正
		A82 人均公共绿地（平方米）	正

4.3 基本公共服务水平的空间质量

4.3.1 基本公共服务水平的测度模型

熵，源于物理学热学中的概念，学者克劳德·艾尔伍德·申农①将其方法引入信息论。在信息论中，信息熵是用来描述各项指标的指标值间离散程度的大小。信息熵没有加入任何人为因素，是对指标值间的离散程度的客观描述，信息是系统有序程度的度量，信息熵是系统无序程度的度量，如果某指标值的离散程度越大，则信息熵越小，那么该指标提供的信息量就越大，从而该指标的权重也就越大；相反，如果指标值的离散程度小，信息熵就越大，那么该指标所提供的信息量

① 克劳德·艾尔伍德·申农（Claude Elwood Shannon，1916～2001）美国数学家、信息论的创始人，提出了信息熵的概念，为信息论和数字通信奠定了基础。

就小，从而该指标的权重就越小。所以，可以根据各项指标的变异程度，利用信息熵，计算出各指标的权重，为多指标综合评价提供依据。采用熵值法客观性强，能克服多个指标变量间信息的重叠以及人为确定权重的主观性，可信度更高[108]。基于熵更科学地利用指标提供的信息，更有利于问题的研究，被广泛应用于社会、经济等领域。在基本公共服务范围面广、指标复杂繁多的情况下，一一进行专家打分主观性太强，所以采用熵值法可以科学合理地确定权重。具体步骤如下：

（1）建立指标数据矩阵：

确立要评价的单元与评价范围：建立 n 个县 m 个评价指标，则 n 个县指标矩阵为 $X=\{x_{ij}\}m\times n(i=1,2,\cdots,n;j=1,2,\cdots,m)$，$x_{ij}$ 为第 i 县的第 j 个指标的数值。

（2）无量纲化处理：是对指标进行标准化处理，由于各项指标的计量单位及性质各异，指标越大越利于评价对象的为正指标，越大越不利评价对象的是逆指标。在综合指标评价前进行统一，以标准化处理消除量纲化影响。指标值越大越有利，用正指标处理；指标值越小越好，则用逆指标进行标准化处理。设 y_{ij} 为第 i 县第 j 指标标准化值，x_{ij} 为第 i 县第 j 个指标值（$i=1,\cdots,n;j=1,\cdots,m$），则标准化处理公式如下：

$$\text{正向指标：}y_{ij}=\frac{x_{ij}-\min(x_{1j},\cdots,x_{mj})}{\max(x_{1j},\cdots,x_{mj})-\min(x_{1j},\cdots,x_{mj})} \quad (4-1)$$

$$\text{逆向指标：}y_{ij}=\frac{\max(x_{1j},\cdots,x_{mj})-x_{ij}}{\max(x_{1j},\cdots,x_{mj})-\min(x_{1j},\cdots,x_{mj})} \quad (4-2)$$

（3）求第 j 项指标下第 i 县占该指标比重：

$$p_{ij}=x_{ij}/\sum_{i=1}^{n}x_{ij}\ (i=1,2\cdots,n;j=1,2\cdots,m) \quad (4-3)$$

（4）求第 j 项指标的熵值：

$$e_j=-k\sum_{i=1}^{n}p_{ij}\ln(p_{ij}),\ k>0,\ k=\frac{1}{\ln(n)},\ e_j\geqslant 0 \quad (4-4)$$

（5）求第 j 项指标的差异系数：对第 j 项指标来说，指标值的差异越大，熵值就越小，指标所包含的信息量就越大，该指标的权重就越大。

$$g_j=(1-e_j)/(m-E_e),\ E_e=\sum_{j=1}^{m}e_j,\ 0\leqslant g_j\leqslant 1,\ \sum_{j=1}^{m}g_j=1 \quad (4-5)$$

（6）求权值：

$$w_j=g_j/\sum_{j=1}^{m}g_j(1\leqslant j\leqslant m) \quad (4-6)$$

（7）各区域的综合得分：

$$v_i = \sum_{j=1}^{m} w_j p_{ij} (i = 1, 2, \cdots, n) \quad (4-7)$$

4.3.2 各区域的基本公共服务水平熵

提取2000年、2005年和2010年各年各县区的32项指标进行熵值运算，得出各年各县区基本公共服务水平的熵值。如表4－2所示：

表4－2　　2000年、2005年、2010年甘肃省基本公共服务水平

地区	2000年	2005年	2010年	地区	2000年	2005年	2010年
城关区	1.5667	1.4983	1.4633	阿克塞县	6.8661	6.8607	5.5263
七里河区	1.1350	1.2111	1.1955	玉门市	1.6253	1.3428	1.4487
西固区	1.5822	1.5716	1.3295	敦煌市	1.3525	1.5043	1.3626
安宁区	1.2575	1.1727	1.1320	西峰区	1.5694	1.1319	1.0100
红古区	1.6025	1.5391	1.5814	庆城县	0.7937	0.8775	0.9535
永登县	0.5676	0.6448	0.6418	环县	0.5779	0.4727	0.5412
皋兰县	1.1282	0.9561	1.0297	华池县	1.0488	1.2229	1.2742
榆中县	0.5045	0.5214	0.5999	合水县	0.6410	0.8084	0.7816
嘉峪关市	4.0606	3.3621	2.4166	正宁县	0.6634	0.5790	0.6404
金川区	1.4639	1.5177	2.0598	宁县	0.3110	0.3312	0.5078
永昌县	0.7117	0.8295	0.7998	镇原县	0.4073	0.4275	0.4724
白银区	1.8781	1.8795	1.9267	定西县	0.7785	0.5409	0.7193
平川区	1.2260	1.2309	1.5702	通渭县	0.3201	0.2821	0.4091
靖远县	0.5447	0.5074	0.5766	陇西县	0.4770	0.4806	0.5239
会宁县	0.2890	0.2869	0.3356	渭源县	0.4115	0.2902	0.3652
景泰县	0.8065	0.6953	0.7557	临洮县	0.3996	0.3938	0.4626
秦州区	0.7676	0.9951	1.1131	漳县	0.5625	0.5132	0.5231
麦积区	0.6064	0.8067	0.8726	岷县	0.3177	0.2729	0.2762
清水县	0.3726	0.4814	0.5809	武都县	0.4397	0.5671	0.4363
秦安县	0.3560	0.3776	0.3794	成县	0.8385	0.7658	0.7220
甘谷县	0.3036	0.3353	0.3551	文县	0.4083	0.4088	0.6389
武山县	0.3490	0.4379	0.3992	宕昌县	0.3100	0.4411	0.3713
张家川县	0.4300	0.7284	0.4744	康县	0.5316	0.4649	0.5586
凉州区	0.6984	0.7605	0.6239	西和县	0.4359	0.3264	0.2504
民勤县	0.8404	0.8854	0.8890	礼县	0.4323	0.3162	0.3758
古浪县	0.4271	0.4765	0.3951	徽县	0.8896	0.7474	0.7041
天祝县	0.5611	0.8690	0.8839	两当县	1.5616	1.7034	1.8383
甘州区	1.1505	1.1114	1.013	临夏市	1.4310	1.4800	1.0987

续表

地区	2000 年	2005 年	2010 年	地区	2000 年	2005 年	2010 年
肃南县	4. 5456	3. 0277	3. 6307	临夏县	0. 2517	0. 2284	0. 2680
民乐县	0. 8450	0. 7895	0. 6515	康乐县	0. 3201	0. 4099	0. 3686
临泽县	1. 1093	1. 1153	1. 1391	永靖县	0. 7827	0. 8288	0. 8971
高台县	1. 1809	1. 1567	1. 2853	广河县	0. 3243	0. 3675	0. 3466
山丹县	0. 9598	1. 0921	1. 1875	和政县	0. 3869	0. 3774	0. 5140
崆峒区	0. 9314	0. 9825	0. 9151	东乡县	0. 2974	0. 4424	0. 3797
泾川县	0. 6605	0. 5594	0. 6714	积石山县	0. 2857	0. 3105	0. 2877
灵台县	0. 8386	0. 7631	1. 0336	合作市	1. 6909	2. 1629	1. 8424
崇信县	1. 1265	1. 3408	1. 1442	临潭县	0. 5039	0. 4701	0. 6462
华亭县	1. 0609	1. 2075	1. 1891	卓尼县	0. 5908	0. 6271	0. 7915
庄浪县	0. 4744	0. 4139	0. 4909	舟曲县	0. 5418	0. 5175	0. 7402
静宁县	0. 4404	0. 3720	0. 4644	迭部县	1. 1001	0. 8965	1. 0224
肃州区	1. 4772	1. 3429	1. 3034	玛曲县	1. 9343	1. 7179	1. 3191
金塔县	1. 1726	1. 0008	0. 9439	碌曲县	0. 9157	1. 2156	1. 6245
安西县	1. 5208	1. 3091	1. 0392	夏河县	1. 0031	0. 9085	0. 9120
肃北县	4. 3897	4. 8632	4. 3702				

注：2000 年的部分县区，后期逐渐更名。2000 年对应 2010 年：秦城区 - 秦州区，北道区 - 麦积区，武威市 - 凉州区，张掖市 - 甘州区，平凉市 - 崆峒区，酒泉市 - 肃州区，西峰市 - 西峰区，安西县 - 瓜州县，定西县 - 安定区，武都县 - 武都区。

4. 3. 3　各类型区基本公共服务水平的空间质量

按照各县区基本公共服务熵值最后得分与平均值的距离进行分类，利用距离公式[109]计算熵的距离值，即基本公共服务的空间质量值，公式如下：

$$l_i = \frac{v_i - \bar{v}_i}{\sigma} \tag{4-8}$$

$$\sigma = \sqrt{\frac{1}{n}\sum_{i=1}^{n}(x_i - \mu)^2},\ \mu = \frac{1}{n}\sum_{i=1}^{n}x_i \tag{4-9}$$

式中，l_i 为第 i 县的距离值，即基本公共服务的空间质量值。v_i 为熵值，$\bar{v}_i$ 为熵的平均值，σ 为标准差，μ 为平均值。得出空间质量值后，依据城市距离 0. 5 个标准差为单位，从高到低进行划分。因县级的基本公共服务的距离值差距小，所以结合数据的整体层级，从高到低依次分为：

满足区：一类区（$l \geqslant 1$）；　　基本满足区二类区（$0.5 \leqslant l < 1$）；

过渡区：三类区（$0 \leqslant l \leqslant 0.49$）；　　不足区：四类区（$-0.49 \leqslant l < 0$）；

严重不足区：五类区（$l \leqslant -0.5$）

【说明】肃北、阿克塞、敦煌三个区域作为重点文化保护区以及生态保护区，旅游以及相对的建设投入幅度大，所以虽然地处偏远，但是在相对投入重视、本地农业发展、旅游经济带动下，人均经济水平相对其他区域较高，所以其基本公共服务水平、人文发展、人口流动以及人民生活水平等相对较高。基于其历史文化保护需要以及生态环境恢复等，不适于重点开发。而在限制和禁止开发区中，其各项指标值却很大，属特例。

首先，提取各主体功能区划的边界，然后运用 GIS 软件在各功能区边界与 2000 年、2005 年和 2010 年各县区基本公共服务水平的空间质量分布进行叠加，结合各功能区的框架进行分析评价①，表现如图 4－2、图 4－3、图 4－4 所示：

4.3.3.1 2000 年各类型区基本公共服务的空间质量分析

（1）全省整体的分析：以图 4－2 结果显示，2000 年全省各县区的基本公共服务水平整体不高，基本公共服务水平相当的区域成片集中，呈“北高南低、西高东低”的格局。河西较高，河东较低，且河东的基本公共服务空间分异较大，其中，陇中区不足、陇东南和陇南严重不足。

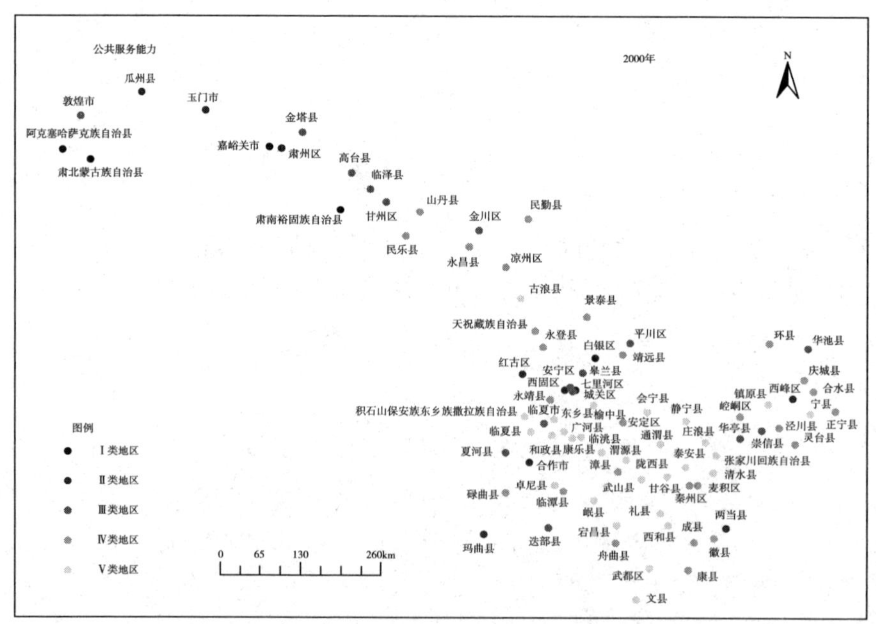

图 4－2 2000 年甘肃基本公共服务质量空间分布

---

① 注：本书中主体功能区的框架边界线采用 GIS 提取，用于学术研究。

（2）以主体功能区的框架分析：重点开发区框架内大部分区域的基本公共服务不足，只有嘉峪关属满足区。红古区、西固区、城关区以及白银区为基本满足区域。甘州区、金川区、华亭县为过渡区，而永昌、秦州区、麦积区和崆峒区不足，且榆中县严重不足；限制和禁止开发区框架内各县区的基本公共服务水平空间差异大，极不均衡。只有河西的肃南和肃北满足，瓜州县、合作市、玛曲县、华池县、西峰区、徽县基本满足，大部分区域的基本公共服务供给不足，且古浪以及陇南、陇东南严重不足。

（3）原因在于：①河西部分区域的基本公共服务水平较好：一是人均经济收入高，且旅游业发达，刺激政府改善基本公共服务水平，且基于对大量文化遗产的保护，政府不断加大对其基本公共服务的投入；二是这些区域的人口密度都是最低的，使有限的投入之下人均值相对偏高。

②2000 年工业化和城镇化水平较低，相比之下，河东区域无论重点开发区还是限制和禁止开发区框架内，一方面各县区本身基本公共服务水平不高。另一方面人口密度不断加大，导致有限的投入水平下，人均值较低；其次，这一时期经济水平不高，处于解决基本生存需求的阶段，各县区以经济建设为主，对基本公共服务的重视尚不足。

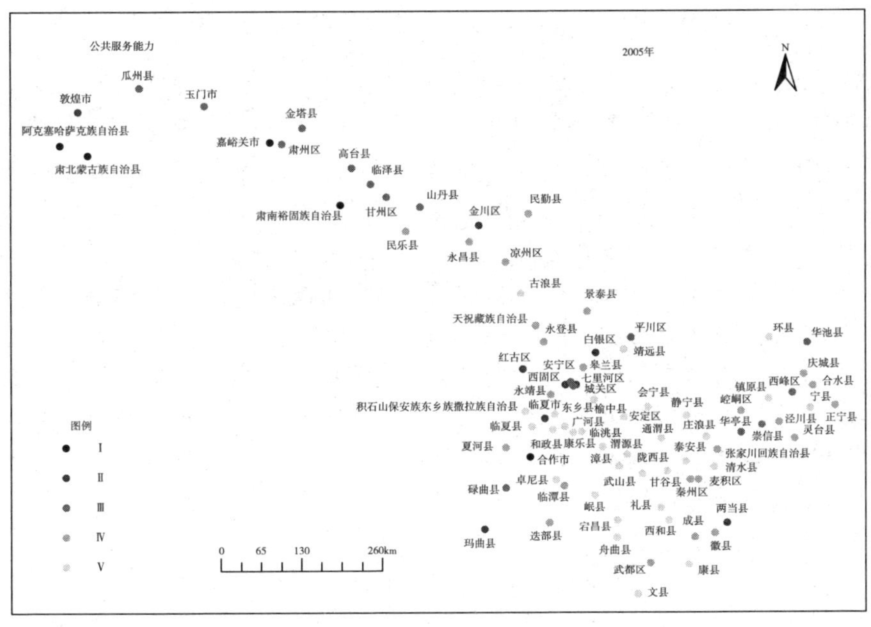

图 4－3　2005 年甘肃基本公共服务质量空间分布

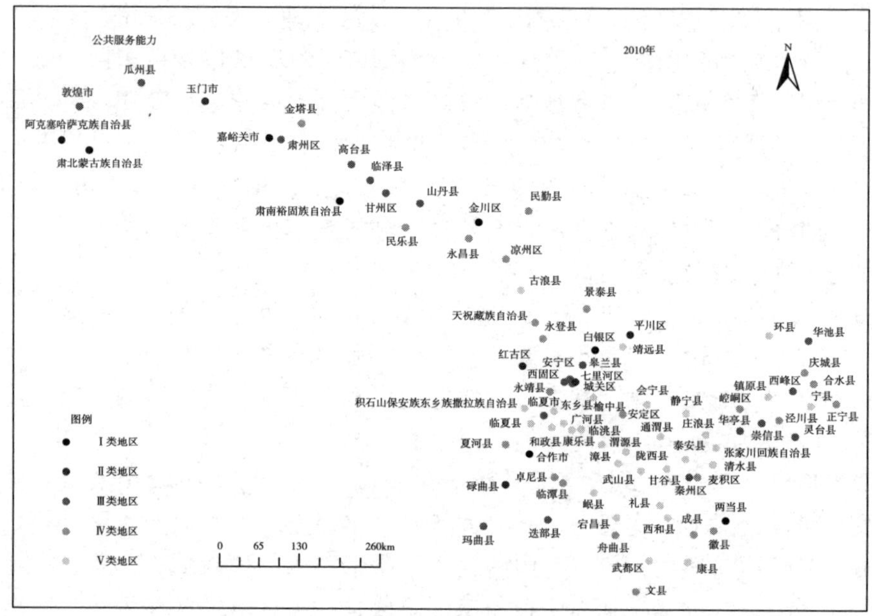

图 4－4　2010 年甘肃基本公共服务质量空间分布

4.3.3.2　2005 年各类型区基本公共服务的空间质量分析

（1）全省整体的分析：从图 4－3 可以看出，与 2000 年全省各县区整体的基本公共服务水平相比，2005 年的变化不大。河西区域整体较高，河东较低。北高南低、西高东低的格局没有改变。但是，出现基本公共服务水平高值区域从河西向河东推进。河东区域中，陇中区不足，陇中、陇东南的部分区域和陇南严重不足，尤其是陇中区域的基本公共服务压力比 2000 年增大。

（2）以主体功能区为框架分析：重点开发区框架内的基本公共服务水平，只有嘉峪关属于满足区。与 2000 年不同的是，金川区由过渡区发展为基本满足区域，基本满足区由原来的四个增加到五个，但肃州区的水平下降；限制和禁止开发区框架内，河西区域的肃南、肃北以及河东的合作市整体水平较高。其次敦煌市、玛曲县、徽县基本满足。碌曲县、平川区、华池县、瓜州县、金塔县等处于过渡区，剩余区域皆不足。

（3）原因在于：①首先，工业化水平提高（如金川区），积累基本公共服务建设的资金，同时为吸引产业进驻而开始对基本公共服务水平的重视，推动了基本公共服务建设。在推动城镇化过程中，加大基础设施的改善，基本公共服务水平相应得到提高（如合作市）。

②对物质文化遗产的重视使一些历史文化胜地，诸如河西的敦煌、甘南合作

市、夏河等地区基本公共服务的重视与日俱增，且日益繁荣的旅游经济为基本公共服务建设积累基本资金。在一些农业与生态保护区，政府为减轻这些区域人口资源环境的压力，加大投入支持基本公共服务建设，协调人口与资源环境的关系，推动河西以及甘南的部分区域的基本公共服务水平不断提高。

③人口密度越来越对公共服务水平形成重要的影响，河西与甘南一些区域的人口密度很低，基本公共服务投入效果明显。而人口密度大的区域，基本公共服务能力不升反降，最严重的是陇中区域。所以投入较少或重视不足不是唯一的因素，人口的不断积聚，人口密度不断加大，人均资源率下降，而基本公共服务供给不能及时匹配跟进，超出基本公共服务以及资源的承载力，成为主要原因之一。

4.3.3.3　2010 年各类型区基本公共服务的空间质量分析

（1）全省整体的分析：进一步分析 2010 年全省各县区的基本公共服务水平，从图 4－4 分析看，全省整体基本公共服务水平依然呈现北高南低、西高东低的格局。河西区域整体较高，河东较低，基本公共服务能力水平高值从河西向河东推进，河东地区的陇中、陇南严重不足。不同的是，河东区域的基本公共服务水平呈点状突破提高，河西区域整体水平较 2005 年下降，河西区域与河东区域逐渐有均衡化的开端。

（2）以主体功能区为框架分析：重点开发区内，只有嘉峪关属于满足区。红古、西固区、白银区、金川区为基本满足区。肃州区、甘州区、城关区、七里河区、秦州区等为过渡区。永昌、榆中、崆峒区不足。其中重点开发区的嘉峪关市、七里河区下降，榆中县得到提高。

限制和禁止开发区内，河西的肃南和肃北整体水平保持较好。其次合作市、碌曲县、平川区与徽县基本满足。敦煌市、瓜州县、河西走廊各县以及玛曲县、华池县、灵台县处于过渡区，这些区域的提高为限制和禁止开发区各板块带来的进步，成为公共服务提高的突破点。

（3）原因在于：①从国家到地方政府都逐渐加强对基本公共服务的重视，从国际上的实践经验、国内基于基本公共服务供需不均衡的矛盾阻碍了经济社会发展的现实，以及政府职能改革对民生质量的关注等多方面的因素，推动国家大力重视基本公共服务水平建设。尤其 2009 年后对教育、医疗、社会保障的重视，对这三方面的改革与投入的不断拓展深入，使教育水平提高、医疗与社会保障的提高，从深度和广度上的拓展，大力提高了基本公共服务水平，尤其对于缩小城乡差距起到极大推动作用。

②主体功能区划分以后，理清了各区域的主要职能，明确对各功能区的财政政策与手段。因此重点开发区依靠发展的各项优势以及政策推动，提高了基本公共服务的自我保障水平。而限制和禁止开发区因经济力量的薄弱，在主体功能区划中以承担公共品为主要职能，因此政府加大了各项转移支付，通过转移支付培

育其基本公共服务建设的能力，推进基本公共服务水平的提高。

总之，改革开放以来，与随着经济增长而出现的社会公共需求的强劲增长相比，各省基本公共服务的供给与需求处于不平衡状态。甘肃省经济不发达，在主体功能区划中以农业基地与生态保护为主，怎样满足人们生存与发展的基本公共服务需求，实现均等化，提高人民生活质量，避免区域差距拉大，是主体功能区划后需要进一步的关注与研究。

4.4 均等化水平测度

4.4.1 变异系数

变异系数法是评价均衡状态常用的方法，国内外常将变异系数应用于公平性评价[110]。本书通过测量有关项目的变异系数来研究地区间基本公共服务均等程度。变异系数，是指总体中单位样本值变异程度的相对数，是绝对差异与平均值之比。因为是在标准差基础上进行计算的一个统计指标，所以也被称为标准差系数，又称离散系数，标准差是样本中的各变量值与其均值的离差平方的平均值的算术平方根。变异系数可以消除单位和（或）平均数不同对两个或多个资料变异程度比较的影响，能精确反映各区域某指标的离散程度。各区域某指标绝对差距越大，标准差也就越大。即变异系数越小，变异（偏离）程度越小，则均衡程度越高。反之，变异系数越大，变异（偏离）程度越大，均衡程度越低。变异系数在标准差的基础上，考虑到每组样本基数大小不同，为剔除基数大小不同造成的影响，以样本标准差除以样本平均值，其计算公式为：

$$cv = \frac{\sigma}{\bar{x}}，\text{其中 } \sigma = \sqrt{\sum_{i=1}^{n} \frac{(x_i - \bar{x})^2}{n}} \tag{4-10}$$

式中，cv 为变异系数，n 为样本数量，x_i 为 i 地区的样本值，$\bar{x}$ 为样本的平均值，σ 为标准差。以表 4－2 中各年份的基本公共服务水平熵，分别计算 2000 年、2005 年和 2010 年基本公共服务的变异系数。其中，全省整体的变异系数为（cv_1）、重点开发区（cv_2）、限制和禁止开发区（cv_3），如表 4－3 所示：

表 4－3　甘肃省基本公共服务的变异系数

年份	$\bar{x}_1$	$\bar{x}_2$	$\bar{x}_3$	σ_1	σ_2	σ_3	cv_1	cv_2	cv_3
2000	1.0029	1.3156	0.9213	1.0014	0.7899	1.0310	0.9985	0.6004	1.1191
2005	0.9892	1.3078	0.9061	0.9466	0.6152	0.9944	0.9569	0.4705	1.0975
2010	0.9840	1.2836	0.9058	0.8184	0.4904	0.8630	0.8317	0.3821	0.9528

分析与讨论：

（1）全省整体基本公共服务的均等化水平分析：

对表 4－3 分析看，全省各年基本公共服务的变异系数分别为：cv_{2000} = 0.9985，cv_{2005} = 0.9569，cv_{2010} = 0.8317。从时间趋势上，10 年间全省基本公共服务水平的变异系数逐步减小，说明变异程度逐渐减小。但变异系数仍然高于 0.5，说明变异程度依然很高，不均等化严重。10 年发展努力，甘肃省整体基本公共服务均等化程度不断提高，但整体不均衡现象依然严重。从各阶段看，2005 年比 2000 年全省整体基本公共服务均等化水平提高了 4.17%；2010 年比 2005 年提高了 13.08%，均等化水平增幅提高。

（2）各类型区基本公共服务的均等化水平分析：

从表 4－3 分析看，重点开发区各年基本公共服务的变异系数为 cv_{2000} = 0.6004，cv_{2005} = 0.4705，cv_{2010} = 0.3821。重点开发区内：其基本公共服务水平变异系数 10 年间逐步减小，说明变异程度逐渐减小，且 2005 年时变异系数低于 0.5，变异程度降低。即重点开发区基本公共服务均等化程度不断提高，且均等化水平整体提高。从各阶段看，2005 年比 2000 年，重点开发区基本公共服务均等化水平提高了 21.64%，说明工业化与城镇化较高的重点开发区，经济水平较高，有基本的财政收入保障基本公共服务的投入。2010 年比 2005 年均等化水平提高了 18.79%，功能区划以后其基本公共服务的投入能力并未减弱，均等化程度依然在提高，但是人口密度等因素影响了均等化水平。

限制和禁止开发区内：各年基本公共服务的变异系数依次为 cv_{2000} = 1.1191，cv_{2005} = 1.0975，cv_{2010} = 0.9528。其在 10 年间变异系数逐步减小，但变化幅度很小，且变异系数一直居 0.9 以上，即限制和禁止开发区基本公共服务均等化程度虽有所提高，但不均等化依然严重。2005 年比 2000 年，均等化水平提高了 1.93%。2010 年比 2005 年提高了 13.18%，均等化增幅提高，但是远落后于重点开发区的增幅。其原因在于，限制和禁止开发区经济落后，基本公共服务的投资能力弱，2008 年以后主体功能区划逐渐清晰，对该类型区域的转移支付以及各种生态补偿，使其基本公共服务的发展得到一部分扶持。但是基本公共服务供需矛盾依然严重，其中有转移支付政策落实的影响，如专项转移支付中配套资金的要求，一些区域属于“吃饭财政”，财政收入勉强生存，无力提供配套资金，所以一些转移支付资金难以发挥应有的作用。其次，基本公共服务不能永久依赖于外部的支持，亟待探索与解决适合该区域的产业发展方式，提高基本的财政自立能力，从而不会因外界变化影响而出现大的波动。

（3）各类型区基本公共服务均等化的横向比较：

从各年看，各类型区基本公共服务的均等化水平，其特点是重点开发区高于全省整体高于限制和禁止开发区，说明重点开发区基本公共服务均等化的程度高于全省整体水平，而限制和禁止开发区水平低于全省整体水平。2005 年以后，重点开发区变异系数值小于 0.5，而其他类型区依然高于 0.5，说明重点开发区的均等化水平较均衡。而全省整体水平、限制和禁止开发区不均衡严重。因此，需要进一步提高限制和禁止开发区的基本公共服务水平，实现均等化，提高该类型区人们的生活质量，推动全省的整体均衡发展。

4.4.2 洛伦兹曲线

为研究收入在国民之间的分配问题，统计学家洛伦兹（Max Otto Lorenz）于 1907 年提出了“洛伦兹曲线”。洛伦兹曲线是一个正方形，横坐标为收入获得者在总人口中的百分比，纵坐标是各个百分比人口所获得收入的百分比，对角线为均等线，洛伦兹曲线与 45 度线间部分叫做“不平等面积”，线的弯曲程度越大，越不均等[111]。通过洛伦兹曲线可以直观看到一个国家收入分配的均等或不均等。

通过洛伦兹曲线，可以考察不同类型区在不同年份中，基本公共服务的配置问题，即均等化程度。图中横坐标表示 2000 年、2005 年和 2010 年各类型区人口累计百分比，纵坐标表示各年度基本公共服务累计百分比，则各区域在各年的基本公共服务均等化程度如图 4－5、图 4－6、图 4－7 所示：

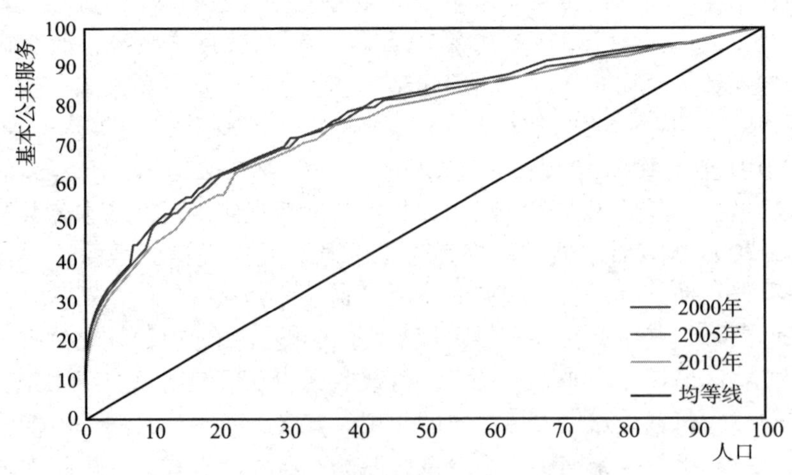

图 4－5　甘肃省基本公共服务的洛伦兹曲线

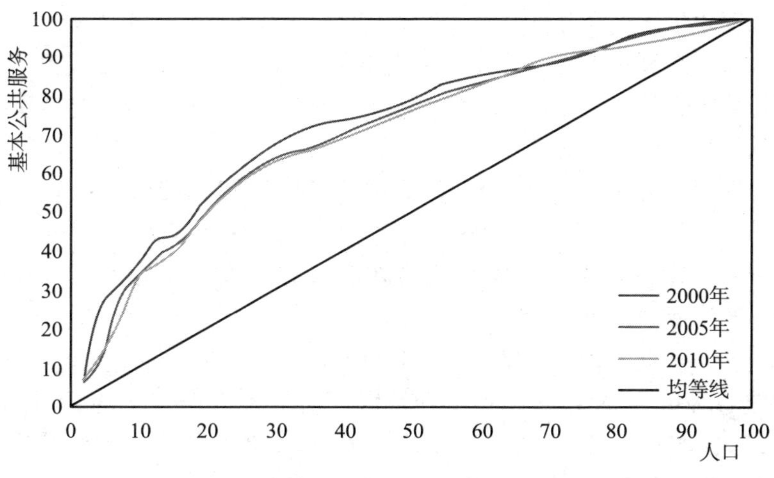

图 4-6　重点开发区基本公共服务的洛伦兹曲线

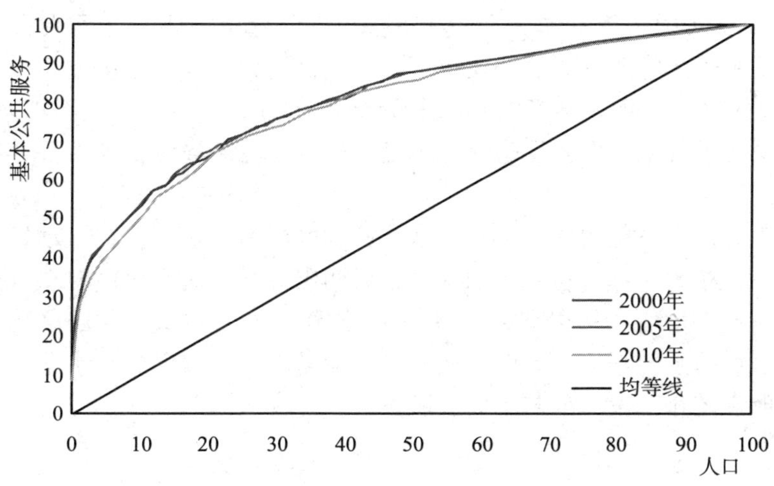

图 4-7　限制和禁止开发区基本公共服务的洛伦兹曲线

分析与讨论：

（1）各类型区基本公共服务均等化的相同点：

通过对各类型区各年度基本公共服务的洛伦兹曲线对比分析得出，首先，各类型区的基本公共服务洛伦兹曲线从 2000 年到 2010 年逐渐接近 45 度线，说明各类型区的均等化水平都在提高。但各类型区各年段都出现 50% 的人口集聚了 60% 以上的基本公共服务，说明各类型区基本公共服务不均等现象依然严重。

（2）各类型区基本公共服务均等化的不同点：

①从均等化的波动幅度看，全省整体的基本公共服务洛伦兹曲线变化幅度不

大，说明均等化水平的提高程度不高。重点开发区的均等化变化幅度较大，其均等化程度提高，限制和禁止开发区的变化幅度较小。说明重点开发区的经济能力为其基本公共服务的建设提供了可靠的保障、稳定的资金来源，有精力和能力专注于民生质量相关的基本公服务供给水平。

②从均等化的分布水平看，整体水平下，全省50%的人口配置的基本公共服务比例。在2000年为84%，2005年降为83%，2010年降为81%。即10年来全省整体80%以上的基本公共服务积聚在50%的人口中，虽逐年有所下降，但幅度很小，不均等严重。

在重点开发区框架内：2000年50%的人口拥有80%的基本公共服务，2005年降为78%，2010年为77%。重点开发区逐渐降为70%以下的基本公共服务积聚在50%的人口中，相比全省整体水平以及限制和禁止开发区水平的均等化水平有所进步，但是仍高于60%，不均等现象依然存在。

在限制和禁止开发区框架内：2000年50%的人口拥有88%的基本公共服务，2005年87%，2010年为85%。始终有85%以上的基本公共服务积聚在50%的人口中，不均等化问题严重。原因在于：一方面该类型区人口密度过小以及人口的流动影响了基本公共服务的配置以及投资效率，另一方面该区域经济水平落后，转移支付的作用有限，自我保障能力不足，外在获得不稳定，基本公共服务建设处于尴尬的境地。

从各类型区洛伦兹图看，限制和禁止开发区的洛伦兹曲线在波动幅度以及不均等面积上都较为接近全省整体的水平，说明限制和禁止开发区对全省的影响更大，证实了经济学的“短板理论”。即整体的水平不是由最发达的区域决定，而受最落后区域的主要影响。因此，实现各区域基本公共服务的均等化，更需要重视提高限制和禁止开发区的基本公共服务。

4.5 基本公共服务建设水平的差异化分析

4.5.1 各类型区经济发展水平的比较

基本公共服务的自我保障力是由本区域的经济水平决定，高的经济水平是基本公共服务建设投资的稳定支持以及可靠来源。因此，分析各类型区的经济发展水平是区别其自我保障能力以及可靠资金来源的差异。经济发展为实现各类型区基本公共服务均等化提供了内在物质前提和现实可行性，同时也刺激人们对基本公共服务品种、数量和质量的需求。基于主体功能区划中对各类型区的发展方式侧重不同，带来经济收入水平的差距，决定了各类型区基本公共服务的投入与建设水平的极大差异。通过结合 2000 年、2005 及 2010 年全省各县区以及各功能区框架，研究各类型区人均国内生产总值的均值，分析各区域基本公共服务的自我保障能力，比较各区域支撑水平，如图 4－8 所示：

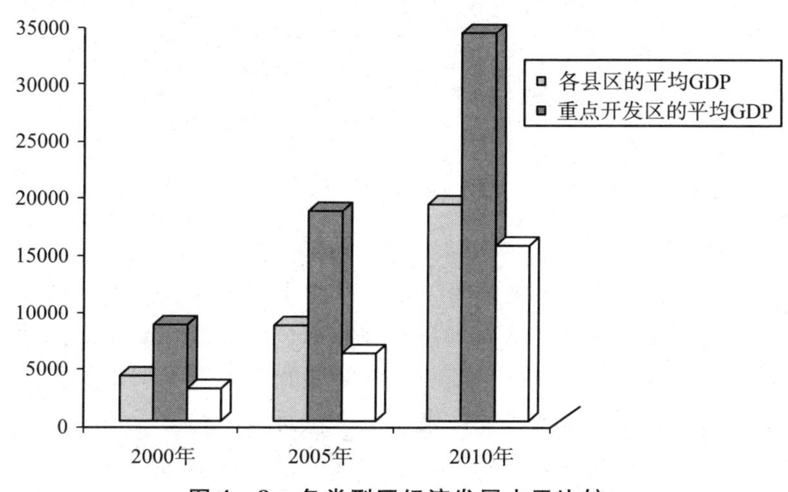

图 4－8　各类型区经济发展水平比较

从各年的经济发展水平看，各类型区经济发展水平逐年提高，说明对基本公共服务建设的投入能力高于前期。但是重点开发区各年的经济发展水平高于全省平均水平，而限制和开发区各年都低于全省平均水平。说明重点开发区有较强的投入能力，而限制和禁止开发区尚处在维持生存阶段，无力投入基本公共服务建设。因此，各类型区基本公共服务建设以及实现均等化不在同一起跑线上，如果不加以干预，不利于对限制和禁止开发的发展，有悖于公平。

4.5.2　各类型区基本公共服务类型的比较

以基本公共服务熵 $f>0$ 为基本满足类，$f<0$ 表示不足类，依此分类，在 2000 年、2005 年、2010 年各类型区基本公共服务类型的面积比例分析，如图 4－9 所示：

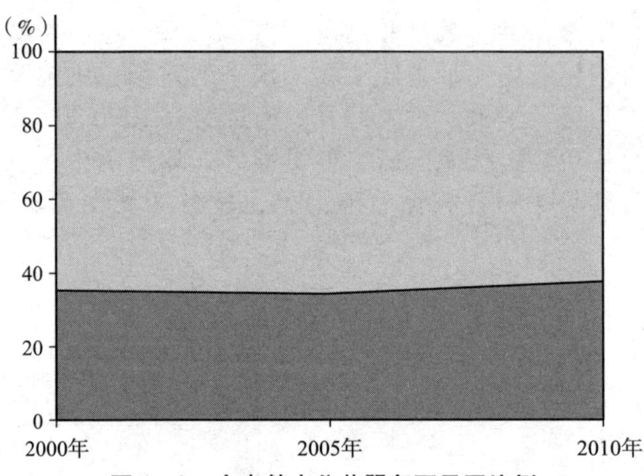

图 4-9 全省基本公共服务不足区比例

分析与讨论：

全省范围内，基本公共服务不足区域多于基本满足区域，辖区内大于 2/3 的区域基本公共服务明显不足。从基本公共服务不足区域占总面积比例看，前五年基本公共服务不足区域逐渐增加，说明人们对公共服务的需求增加，而基本公共服务的提供者的重视不足以及各项政策等没有及时匹配跟进，基本公共服务供求失衡。后五年经济水平的提高以及充分的重视、各项政策与投入逐渐落实，使基本公共服务水平得到有效提高，基本满足区域占比逐渐增加，享受基本公共服务的群体范围扩大。主体功能区框架内各类型区中，不足区与满足区占该类型区比例需进一步分析，如图 4-10 与图 4-11 所示：

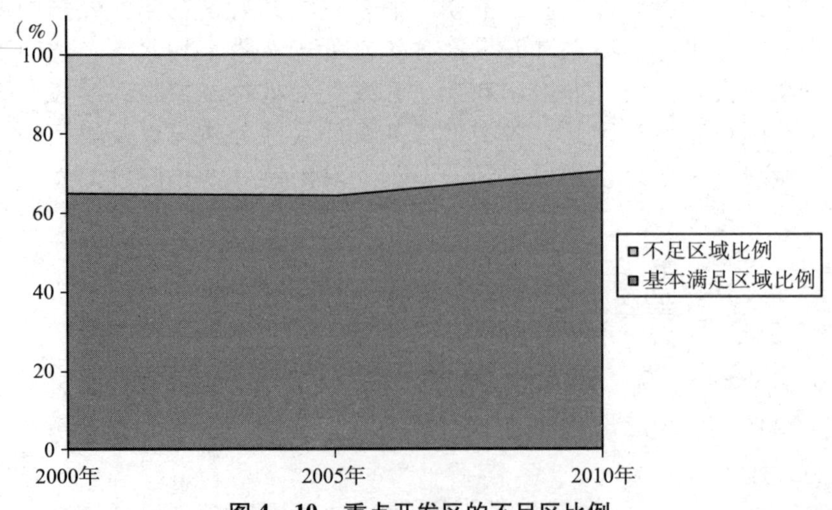

图 4-10 重点开发区的不足区比例

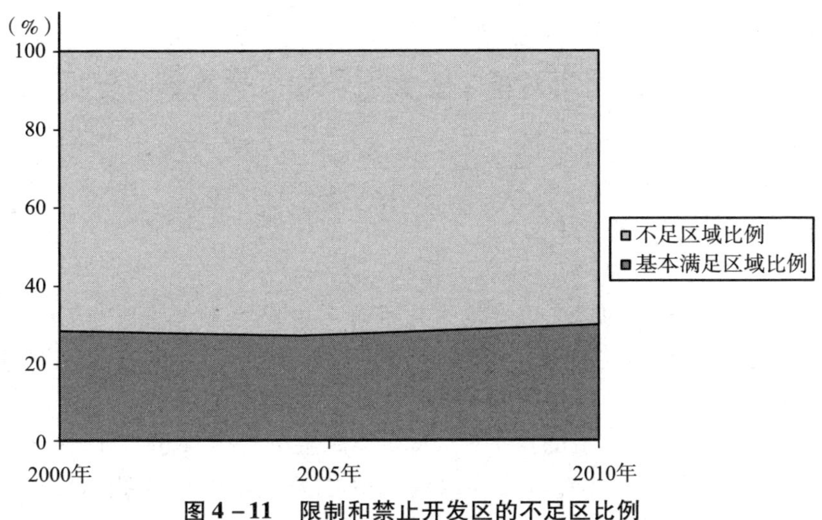

图 4－11　限制和禁止开发区的不足区比例

分析与讨论：

重点开发区框架下的各县区 2000～2010 年 67% 的面积上基本公共服务供给得到基本满足，变化幅度上，前五年不足区域比例较低，变化幅度不大；后五年基本公共服务不足区域比例减少，基本满足区域比例增加，说明统一的政策体系下，重点开发区框架下各县区基本公共服务的供给能力保持不变。而在主体功能区划后，其工业化以及城镇化水平得到更大的提高，相应的经济能力提高，对基本公共服务的投入增加，改善了一些区域基本公共服务不足的现状。

限制和禁止开发区框架下的各县区，2000～2010 年的基本公共服务能力薄弱，大于 70% 区域的基本公共服务严重不足。变化幅度上，后五年比前五年的水平略有提升，但仍存在大面积基本公共服务不足的现象。说明限制和禁止开发区基本公共服务整体供给不足，不能满足人们生存与发展需求，主体功能区划后，经济发展以及转移支付对其基本公共服务的改善力度需进一步强化。

通过对比，各功能区之间以及各功能区内部都存在基本公共服务不均衡的现象。因此，重点开发区框架内的各县区，要合理配置资源，做到基本公共服务与人口资源环境的耦合。限制和禁止开发区在以生态职能为主的前提下，发展适合本功能区特点的旅游以及绿色产业，为基本公共服务的自我保障能力提供基本的财力支持。完善主体功能区政策，降低对承担公共职能区域纵向和横向的转移支付在落实中的阻力，使转移支付发挥应有的协调以及均衡作用，解决全省基本公共服务均等化的“短边”，实现区域均衡。

4.6 投入因素对基本公共服务均等化的影响分析

4.6.1 影响因素分析

基本公共服务水平的提高以及均等化程度，主要源于内部与外部的各种投入力量和支持力度。各种投入因素对基本公共服务的影响程度也表明各类型区基本公共服务水平的发展轨迹。在各种投入对基本公共服务的影响中，有人均国民生产总值（反映产业影响经济的水平）、人均国内生产总值（也等于用于衡量地方实际的经济水平）、人均地方财政收入（是基本公共服务的自我保障能力）、人均地方财政支出（实际用于基本公共服务的投入）、城镇化水平（越高则对基本公共服务的基础设施有越大的改善）以及人均转移支付（主体功能区划前后对各区域基本公共服务起均衡作用的主要工具）。

4.6.1.1 人均国内生产总值

一方面，随着经济的发展，生活水平的提高，人们对基本公共服务的种类、数量、质量的要求随之提高，引起基本公共服务的需求增长与供给不足之间的矛盾，并且这种矛盾又影响了经济的发展；另一方面，虽然经济发展不必然带来基本公共服务能力的提高，但经济发展为基本公共服务的重视、投入以及建设提供基本的宏观环境。经济越落后，对公共服务的需求层级越低，如马斯洛需求层次理论的底层需求。经济水平落后则处在解决基本的生存所需阶段，其基本公共服务需求的质量与种类也较低。随着经济发展水平提高，公共服务的供给能力随之提高，分别以反映经济发展水平的 GDP 与 GNP 来衡量对基本公共服务的影响。

虽然主体功能区不谋求 GDP 的一致增长，而追求人们享受基本公共服务的一致。但 GDP 作为地区经济规模总量最重要的衡量指标，仍是区域经济发展水平的一个标志，决定了基本公共服务的投入能力，是影响区域基本公共服务水平的主要影响因素之一。GDP 采用“属地原则”，强调领域内的财富，但这些财富不一定最终停留在这个领域，它是一种输入式的增长模式，其中第一、第二产业的比重大。因此，于限制和禁止开发区中第一产业产值比重逐渐下降，不以第二产业为主的收入结构而言，如果缺乏相应政策干预，基本公共服务发展将严重缺乏投入支撑。

4.6.1.2　人均国民生产总值

国民生产总值（GNP），也是经济发展水平的衡量标准之一。实际上，GNP 和 GDP 都是反映一国或地区当期创造国民财富的价值总量，是衡量一国或地区经济规模的最重要总量指标。区别在于，GNP 以“属人原则”，为主，即隶属于这个领域的人在领域内和领域外创造的财富。它是一种内生式的增长模式，在其衡量标准中，发挥了第三产业在社会经济中的作用，综合体现区域人民实际收入与生活水平状况。综上，各功能区的基本公共服务水平受 GDP（输入式增长）的影响，也受 GNP（内生式增长）的影响，需做相关的研究分析。

4.6.1.3　地方财政收入

财政收入，政府为履行其职能、实施公共政策、提供公共服务，所筹集的一切资金的总和，表现为政府部门在一定时期内（一般为一个财政年度）所取得的货币收入。地方财政收入是衡量地方政府财政能力的重要指标，财政能力的充裕很大程度上决定了地方政府在社会经济活动中的能力以及提供的基本公共服务的数量、质量和种类。财政收入较高的地区，能用于基本公共服务提供的保障就越安全。在缺少或者很少外部支持的情况下，地方财政收入是基本公共服务最可靠的保障力量。基于不同功能区的发展方式与产业结构不同，带来各区域保障程度的差异。

4.6.1.4　地方财政支出

地方财政支出是按照现行中央政府与地方政府实权的划分，经地方人大批准，用于保障地方经济以及社会发展的各项支出，包括一般公共服务、公共安全、科技教育、医疗卫生、社会保障就业以及文化体育、环境保护等方面的支出，而这些是基本公共服务的范畴，所以地方财政支出也是实际用于基本公共服务提高的投入，支出水平反映了区域基本公共服务的投入结构以及实际力度，收入与支出之间的差额体现了区域之间的实际投入差距。

4.6.1.5　城镇化水平

随着工业化的推进以及社会经济的发展，农业活动的比重下降和非农业活动的比重上升，乡村人口比重下降，城镇人口增加，区域的基本设施建设、生活方式向城镇型转化并趋向稳定，即城镇化。城镇化率是以都市人口占区域总人口的比例来评定，数值越高，城镇化水平越高。一方面，城镇化率越高的区域，其基础设施建设水平高，基本公共服务的数量、质量以及种类等也高于城镇化率低的区域。城镇化能够促进经济发展和提高人民生活水平，推动基本公共服务条件改善，提高质量；另一方面，随着城镇化的不断推进，人口和经济活动向城市集中，一些城镇化率很高的区域，人口密度提高，如果基本公共服务的投入与建设不能匹配跟进，导致基本公共服务水平反而下降。重点开发区鼓励城镇化发展，但限制尤其是禁止开发区，大都处于生态环境保护区，并不能大力发展城镇化来提高基本公共服务水平，所以城镇化对不同区域的基本公共服务的影响程度很大。

4.6.1.6 转移支付

基于各区域先天的经济水平差异以及主体功能区划后的政策等后天因素的影响，带来各区域基本公共服务建设财政能力上的差距。尤其是限制和禁止开发区，基于主要承担生态环境职能，而经济增长职能次之。经济水平与财政收入低，其财政收支结构受到影响。生态环境保护是全省以及全国的生态屏障，具有整体性、长远性。生态环境保护所需、该区域人们生活与发展的基本公共服务建设所需的投入不可或缺。收入减少，支出增加，负担过重。与重点开发区相比，其基本公共服务的自立能力、投入不在同一水平线，必然产生区域间的不均等。而限制和禁止开发区基本公共服务投入不足甚至下降，不但影响该区域，而且影响全省的整体水平。如果依靠各区域地方财政收入来提高基本公共服务水平，则有悖于公平效率原则，因此，各区域都有部分转移支付推进实现均等化，但转移支付的种类与力度对不同功能区的意义与作用差异很大。

转移支付，是各级政府之间为解决财政失衡，补充公共品，通过一定形式和途径的一种单方面、无偿的财政资金转移活动。主要目的在于调节区域间财政净收益、保障地方基本公共品的供给，矫正地方政府活动在区域间的外部效应。我国的财政转移支付制度是在 1994 年分税制的基础上建立起来的，由税收返还、专项转移支付和财力性转移支付三部分构成、以中央对地方的转移支付为主，中央的转移支付保证了地方政府的支出需要。

（1）税收返还。税收返还是地方财政收入的重要来源，也是我国财政转移支付的主要形式。中央财政对地方的税收返还数额，以 1993 年为基期年核定，当年中央财政从地方净上划的收入全额返还给地方。1994 年以后，税收返还额在基期年的基础上逐年递增，递增率按全国增值税和消费税平均增长率的 1∶0.3 系数确定。基数法分配的税收返还体现了对收入能力较强地区的倾斜原则，维护了较富裕地区的既得利益，不利于缩小地区间差距。

（2）专项转移支付。专项转移支付，即中央财政为实现特定的宏观政策和事业发展战略目标而设立的补助资金，重点用于公共服务与各类民生领域，具有专款专用性质，如基础设施建设、社会保障建设以及贫困地区的义务教育工程等，是配合中央的宏观政策目标，因此地方财政必须按规定用途与方向使用。

（3）财力性转移支付额。财力性转移支付，是为弥补财政实力薄弱地区的财力缺口，由中央财政安排给地方财政的补助支出。它是均衡地方财政能力、缩小地区财政差距，解决地区横向不平等的重要手段。主要包括：一般性转移支付、调整工资转移支付、民族地区转移支付、农村税费改革转移支付、年终结算财力补助等形式，其中对基本公共服务具有较大影响的是一般转移支付。其资金用于弥补纵向的地方各级政府财政收支差额和横向的区域财政收支平衡，所以可以分为纵向转移支付和横向转移支付。纵向转移支付为弥补财政收支差额，具体数额按因素法确定。横向转移支付用以提高贫困地区财政水平，具体数额以依法测算的地区税收能力指数与全国平均税收能力指数之差确定。

4.6.2　相关性分析

相关性分析是统计与经济分析中的常用方法，是对两个或多个具备相关性的变量进行分析，以衡量变量间相关密切程度的方法。广义包括相关与回归分析，狭义指的是相关分析。通常运用相关系数或者相关指数对变量间的关联程度进行度量，即狭义的相关分析。相关系数是判断直线相关的方向和程度的指标，通常运用积差法，即两个变量的协方差与变量的标准差的乘积比，公式如下：

简单相关系数：

$$r = \frac{\sigma_{xy}^2}{\sigma_x \sigma_{xy}} = \frac{\sum (x - \bar{x})(y - \bar{y})}{\sqrt{\sum (x - \bar{x})^2 \sum (y - \bar{y})^2}} \tag{4-11}$$

$$= \frac{\overline{xy} - \bar{x} \cdot \bar{y}}{\sqrt{(\overline{x^2} - \bar{x}^2)(\overline{y^2} - \bar{y}^2)}} = \frac{n \sum xy - \sum x \sum y}{\sqrt{n \sum x^2 - (\sum x)^2} \sqrt{n \sum y^2 - (\sum xy)^2}} \tag{4-12}$$

复相关系数：

$$r_{y,\ 123\cdots m} = \sqrt{1 - \frac{\sum (y - y_c)^2}{\sum (y - \bar{y})^2}} \tag{4-13}$$

式中，y_c 是因变量的理论估计值，r 为相关系数，r 的取值范围表示关联度，其范围为 $-1 \leqslant r \leqslant 1$。通过显著性差异检验，区间代表相关程度，区间如表 4－4 所示：

表 4-4　　关联度区间

$-1 \leqslant r \leqslant 1$			
$r>0$	正相关	$0.3<\|r\| \leqslant 0.5$	低相关
$r<0$	负相关	$0.5<\|r\| \leqslant 0.8$	中度相关
$r=0$	不相关	$0.8<\|r\| \leqslant 1$	高度相关
$0<\|r\| \leqslant 0.3$	微弱相关	$\|r\|=1$	完全相关

通常，地理学中用相关性分析的计算与检验，揭示地理要素间相互关系的关联程度。本书分析基本公共服务与投入要素之间的关联度，即各投入因素对基本公共服务的影响，以相关系数来测定各因素与基本公共服务水平之间的关联度，并建立回归。

根据各区域2000年、2005年和2010年的各影响因素数据，利用SPSS 17.0建立相关系数矩阵，全省中，整体分析样本 $n=87$，重点开发区样本 $n=17$，限制和禁止开发区样本 $n=70$，对各类型区各年基本公共服务水平与各投入因素的相关性进行比较。其中，y 为基本公共服务水平（基本公共服务熵值，分），x_1 为人均国内生产总值（人均GDP，元），x_2 为人均国民生产总值（人均GNP，元），x_3 为人均财政收入（元），x_4 为人均财政支出（元），x_5 为城镇化水平（%），x_6 为人均税后返还额（元），x_7 为人均专项转移支付额（元），x_8 为人均一般转移支付额（元），各变量相关系数矩阵如表4-5～表4-7所示：

表 4-5　　重点开发区相关系数矩阵

2000年	x_1	x_2	x_3	x_4	x_5	x_6	x_7	x_8
y	0.508*	0.562*	0.952**	0.820**	0.721**	0.392	0.489*	0.472
x_1	1	0.664**	0.359	0.155	0.817**	0.534*	0.090	-0.320
x_2		1	0.432	0.277	0.737**	0.709**	0.456	-0.018
x_3			1	0.898**	0.561*	0.341	0.496*	0.529*
x_4				1	0.302	0.319	0.660**	0.648**
x_5					1	0.530*	0.148	-0.184
x_6						1	0.609**	-0.090
x_7							1	0.551*
2005年	x_1	x_2	x_3	x_4	x_5	x_6	x_7	x_8
y	0.746**	0.571*	0.883**	0.798**	0.666**	0.474	0.433	0.442
x_1	1	0.639**	0.575*	0.426	0.710**	0.510*	0.129	-0.067
x_2		1	0.413	0.327	0.603*	0.639**	-0.025	0.095
x_3			1	0.948**	0.426	0.440	0.522*	0.555*
x_4				1	0.215	0.403	0.721**	0.737**
x_5					1	0.594*	-0.177	-0.269

续表

2005年	x_1	x_2	x_3	x_4	x_5	x_6	x_7	x_8
x_6						1	-0.013	-0.034
x_7							1	0.731**
2010年	x_1	x_2	x_3	x_4	x_5	x_6	x_7	x_8
y	0.905**	0.594*	0.657**	0.312	0.739**	0.709**	0.611**	-0.333
x_1	1	0.633**	0.626**	0.254	0.696**	0.701**	0.623**	-0.380
x_2		1	0.335	-0.104	0.733**	0.395	0.325	-0.582*
x_3			1	0.717**	0.487*	0.985**	0.905**	0.029
x_4				1	-0.118	0.662**	0.632**	0.690**
x_5					1	0.506*	0.353	-0.663**
x_6						1	0.946**	-0.055
x_7							1	-0.006

**. Correlation is significant at the 0.01 level (2-tailed).

*. Correlation is significant at the 0.05 level (2-tailed).

表4-6　限制和禁止开发区相关系数矩阵

2000年	x_1	x_2	x_3	x_4	x_5	x_6	x_7	x_8
y	0.775**	0.623**	0.849**	0.914**	0.658**	0.179	0.494**	0.310**
x_1	1	0.819**	0.769**	0.674**	0.766**	0.530**	0.658**	0.501**
x_2		1	0.605**	0.481**	0.493**	0.311**	0.390**	0.247*
x_3			1	0.837**	0.548**	0.155	0.357**	0.212
x_4				1	0.521**	0.119	0.471**	0.221
x_5					1	0.517**	0.599**	0.541**
x_6						1	0.897**	0.900**
x_7							1	0.904**
2005年	x_1	x_2	x_3	x_4	x_5	x_6	x_7	x_8
y	0.807**	0.598**	0.938**	0.933**	0.728**	0.800**	0.919**	0.876**
x_1	1	0.762**	0.788**	0.681**	0.733**	0.680**	0.663**	0.608**
x_2		1	0.576**	0.476**	0.462**	0.468**	0.405**	0.415**
x_3			1	0.961**	0.625**	0.767**	0.883**	0.922**
x_4				1	0.548**	0.741**	0.932**	0.967**
x_5					1	0.516**	0.605**	0.469**
x_6						1	0.812**	0.712**
x_7							1	0.926**
2010年	x_1	x_2	x_3	x_4	x_5	x_6	x_7	x_8
y	0.801**	0.594**	0.779**	0.851**	0.674**	0.903**	0.319**	0.669**
x_1	1	0.690**	0.893**	0.726**	0.536**	0.816**	0.266*	0.371**
x_2		1	0.489**	0.393**	0.552**	0.583**	0.279*	0.144
x_3			1	0.799**	0.399**	0.840**	0.306*	0.452**
x_4				1	0.378**	0.757**	0.270*	0.832**

续表

2010 年	x_1	x_2	x_3	x_4	x_5	x_6	x_7	x_8
x_5					1	0.587**	0.206	0.225
x_6						1	0.348**	0.477**
x_7							1	0.150

**. Correlation is significant at the 0.01 level (2 – tailed).

*. Correlation is significant at the 0.05 level (2 – tailed).

表 4 – 7　全省与重点、限制和禁止开发区的相关系数比较

2000 年	x_1	x_2	x_3	x_4	x_5	x_6	x_7	x_8
y 全省县区	0.610**	0.586**	0.862**	0.861**	0.571**	0.176	0.451**	0.265*
y 重点区	0.508*	0.562*	0.952**	0.820**	0.721**	0.392	0.489*	0.472
y 限禁止区	0.775**	0.623**	0.849**	0.914**	0.658**	0.179	0.494**	0.310**
2005 年	x_1	x_2	x_3	x_4	x_5	x_6	x_7	x_8
y 全省县区	0.656**	0.578**	0.893**	0.878**	0.585**	0.783**	0.828**	0.776**
y 重点区	0.746**	0.571*	0.883**	0.798**	0.666**	0.474	0.433	0.442
y 限禁止区	0.807**	0.598**	0.938**	0.933**	0.728**	0.800**	0.919**	0.876**
2010 年	x_1	x_2	x_3	x_4	x_5	x_6	x_7	x_8
y 全省县区	0.803**	0.571**	0.770**	0.744**	0.594**	0.814**	0.349**	0.527**
y 重点区	0.905**	0.594*	0.657**	0.312	0.739**	0.709**	0.611**	-0.333
y 限禁止区	0.801**	0.594**	0.779**	0.851**	0.674**	0.903**	0.319**	0.669**

**. Correlation is significant at the 0.01 level (2 – tailed).

*. Correlation is significant at the 0.05 level (2 – tailed).

综上各类型区各年相关系数变化以及各类型区间相关系数变化，依据系数大小排序，分析影响程度。各变量与基本公共服务的关联区间如表 4 – 8 所示：

表 4 – 8　各类型区基本公共服务影响因素相关度

相关度		高度	中度	低	微	不显著
重点开发区域	2000 年	$x_3 > x_4$	$x_5 > x_2 > x_1$	x_7		$x_6 x_8$
	2005 年	x_3	$x_4 > x_1 > x_5 > x_2$			$x_6 x_7 x_8$
	2010 年	x_1	$x_5 > x_6 > x_3 > x_7 > x_2$			$x_4 x_8$
限/禁开发区域	2000 年	$x_4 > x_3$	$x_1 > x_5 > x_2$	$x_7 > x_8$		x_6
	2005 年	$x_3 > x_4 > x_7 > x_8 > x_1$	$x_6 > x_5 > x_2$			
	2010 年	$x_6 > x_4 > x_1$	$x_3 > x_5 > x_8 > x_2$	x_7		
全省整体	2000 年	$x_3 > x_4$	$x_1 > x_2 > x_5$	x_7	x_8	x_6
	2005 年	$x_3 > x_4 > x_7$	$x_6 > x_8 > x_1 > x_5 > x_2$			
	2010 年	$x_6 > x_1$	$x_4 > x_3 > x_5 > x_2 > x_8$	x_7		

4.6.3　相关程度分析

4.6.3.1　各类型区内部的纵向比较

重点开发区框架内：各年各投入要素与基本公共服务的相关程度为：2000 年相关次序为人均财政收入、人均财政支出与基本公共服务高度相关。城镇化水平、人均国民生产总值、人均国内生产总值与基本公共服务中度相关。人均专项转移支付与基本公共服务低相关，税后返还和一般转移支付不显著；2005 年，人均财政收入与基本公共服务高度相关。人均财政支出、人均 GDP、城镇化水平、人均 GNP 与基本公共服务中度相关。税后返还、专项转移支付和一般转移支付不显著；2010 年人均 GDP 与基本公共服务高度相关，城镇化、税后返还、财政收入、专项转移支付、人均 GNP 与基本公共服务中度相关，人均财政支出、一般转移支付额不显著。

原因在于：2000 ~2005 年间，重点开发区的区域财政经济能力较好，是基本公共服务建设的关键，其基本公共服务建设以内生力量为主。转移支付与基本公共服务的关联程度不显著，说明对外部的依赖性微弱。同时，重点开发区由于鼓励工业化，使经济得到快速发展、人民生活水平得到提高。城镇化建设中对基本公共服务的需求增加，相应的建设与投入增长。以上这些因素推进了基本公共服务水平的提高，所以这一时期以自主发展型的基本公共服务建设为主；2006 ~2010 年，由于前期的建设与规划，对重点开发区工业化发展的优惠政策措施等的影响，经济发展水平的影响作用更明显。2008 年和 2009 年开始逐渐惠及全民的教育、医疗与社会保障改革，投入的大量专项转移支付使转移支付对提高公共服务水平的作用发生质的改变，使这一阶段的基本公共服务水平的特点是自主发展结合外部支持而快速提高。总体上，2000 ~2010 年重点开发区自身经济发展水平是基本公共服务建设投入的主要支撑。

限制和禁止开发区框架内：各投入要素与基本公共服务的相关程度中：2000 年相关程度依次为人均财政支出、人均财政收入与基本公共服务水平高度相关。人均 GDP、城镇化水平、人均 GNP 与基本公共服务水平中度相关。人均专项转移支付、一般转移支付低相关，税后返还不显著；2005 年人均财政收入、人均财政支出、人均专项转移支付、一般转移支付、人均 GDP 与基本公共服务水平高度相关。人均税后返还、城镇化水平、人均 GNP 中度相关；2010 年人均税后返还额、人均财政支出、人均 GDP 与基本公共服务水平高度相关。人均财政收入、城镇化水平、一般转移支付、人均 GNP 与基本公共服务水平中度相关，专项转移支付低相关。

原因在于：2000 ~2005 年，财政收入与支出是基本公共服务的主要支撑力。后期，国家逐渐对经济不发达区域（基本也是后来的限制和禁止开发区范围）加大转移支付力度来均衡区域差距。因此，转移支付对提高限制和禁止开发区基本公共服务水平发挥了主要的作用，而较低的经济水平和城市化水平对推进公共服务建设起到次要作用。所以这一时期，限制和禁止开发区基本公共服务发展特点是初期以自立为主，逐渐以自立结合外力推进；后期以基本收入和转移支付结合为主，逐渐转移支付和自力更生为主。城镇化依然没有发挥主要作用，但是转移支付的作用力下降，说明限制和禁止开发区人口密度过小以及生态移民，人口流动大，一些教育设施建设等专项难以推行，并且配套资金规定使部分资金难以有效落实。

4.6.3.2 各类型区间的横向比较

2000 年各类型区的比较：（1）相同点：不论经济水平较高的区域（重点开发区框架内）还是经济水平较低区域（限制开发区框架内）以及全省整体的基本公共服务水平，都以财政收入和财政支出为主，经济发展与城镇化为次的基本支撑结构。（2）不同点：这一时期主要以经济发展为保障，但转移支付开始对限制和禁止开发区发挥初步的辅助职能，并且全省整体结构上也有此趋向，说明限制和禁止开发区的公共服务对全省整体的公共服务水平有重要影响。

2005 年各类型区的比较：（1）相同点：财政收入是各区域的基本公共服务提高以及实现均等化的关键。（2）不同点：重点开发区中，经济发展与城镇化水平对基本公共服务水平起次要的推动作用。限制和禁止开发区中，财政收入与转移支付共同发挥主要作用。说明这一时期政府已经开始加大对限制和禁止开发区的转移支付投入，以弥补公共服务建设不足，缩小区域差距。最终，转移支付与本区域的财政收入对基本公共服务建设的地位同等重要。

2010 年各类型区的比较：（1）相同点：各区域的地区生产总值起主要的作用；（2）不同点：在提高基本公共服务水平中，限制和禁止开发区中经济发展与转移支付起共同主要作用，并且转移支付比本区域生产总值以及财政收入发挥了更大的作用。综合各功能区以及全省整体公共服务影响因素与关联程度的特点，重点开发区始终以本区域经济与财政能力为公共服务的主要支撑，限制和禁止开发区则从依靠本区域经济与财政能力，逐渐到结合转移支付的支持，最后转移支付发挥了更大的作用。主体功能区划以后，转移支付对限制和禁止开发区起到了以实现“最弱者的最大利益”提高公共服务水平，实现均等化的作用。

4.6.4 回归分析

相关分析研究了各变量对基本公共服务水平的相关程度，但是各变量与基本公共服务的数量变化关系，需进行回归分析以数学表达式确定。通过回归分析便于进行估计和预测，即通过相关性分析确立变量之间的相关关系和相关程度后，建立回归模型，检验变量的相关程度，以回归模型进行估计和预测，对各区域基本公共服务的投入与建设有重要的借鉴意义。研究一个变量与多个变量的回归分析，即多元回归，分为线性回归和非线性回归，线性回归模型如下：

设影响因变量 y 的自变量有 m 个，分别为 x_1，x_2，x_3，…，x_m，它们对基本公共服务的影响是线性的，则 y 对 x_1，x_2，x_3，…，x_m 的多元线性回归方程为：

$$y_i = b_0 + b_1x_1 + b_2x_2 + b_3x_3 + \cdots + b_mx_m + u_i \qquad (4-14)$$

式中，b_0 代表截距，即当 x_1、$x_2=0$ 时，y 的平均值，b_1、b_2、b_m 代表与 m 个与自变量相联系的斜率。u_i 代表剩余残差项，$0<u_i<\sigma^2$。

综合各类型区各变量数据，建立线性回归方程。各变量与基本公共服务的相关性较高，各变量之间也存在较高的相关性，说明自变量对因变量的解释存在重复性。为了消除多元回归模型中解释变量的多重贡献性，采用逐步回归法建立基本公共服务水平和影响因素之间的回归模型，即从一个只含常数项的回归方程出发，通过逐步引入和删除一些项，选取那些对回归贡献最大的项目进行回归，使残差平方和尽可能小，又不产生多重共线性现象。

4.6.4.1 各类型区投入要素与基本公共服务平均水平的回归分析

取各类型区2000年、2005年以及2010年的基本公共服务水平值的均值，进行标准化处理后，建立回归模型。因为变量间的相关系数较高，所以采用逐步回归法来反映影响各区域10年间投入要素中对基本公共服务提高起主导作用的因素。y_1 为全省整体三个年段的基本公共服务均值，y_2 为重点开发区基本公共服务均值，y_3 为限制和禁止开发区中三个年段基本公共服务的均值，建立回归方程。

$$\begin{cases} y_1 = -0.014 + 0.171x_3 + 0.675x_4 + 0.235x_5 & (4-15) \\ R^2 = 0.925 \quad F = 352.379 & \\ y_2 = 0.068 + 0.381\ x_1 + 0.602x_3 & (4-16) \\ R^2 = 0.849 \quad F = 46.131 & \\ y_3 = -0.3 + 0.114x_2 + 0.722x_4 + 0.201x_5 & (4-17) \\ R^2 = 0.940 \quad F = 358.619 & \end{cases}$$

对上述各自变量对因变量的多元线性回归进行散点拟合，散点图如下：

（1）全省整体（y_1）回归分析的散点拟合：

分析：2000～2010年全省基本公共服务的平均水平受财政收入、财政支出和城镇化水平的影响最大，以图4－12看，这三个因素的散点图拟合度高。财政收入每投入一个单位，则基本公共服务的投入增加0.171个单位。财政支出增加一个单位，基本公共服务的投入增加0.675个单位。城镇化提高一个单位，基本公共服务投入增加0.235个单位。全省整体中，10年平均水平为负值，基本公共服务供给不足。

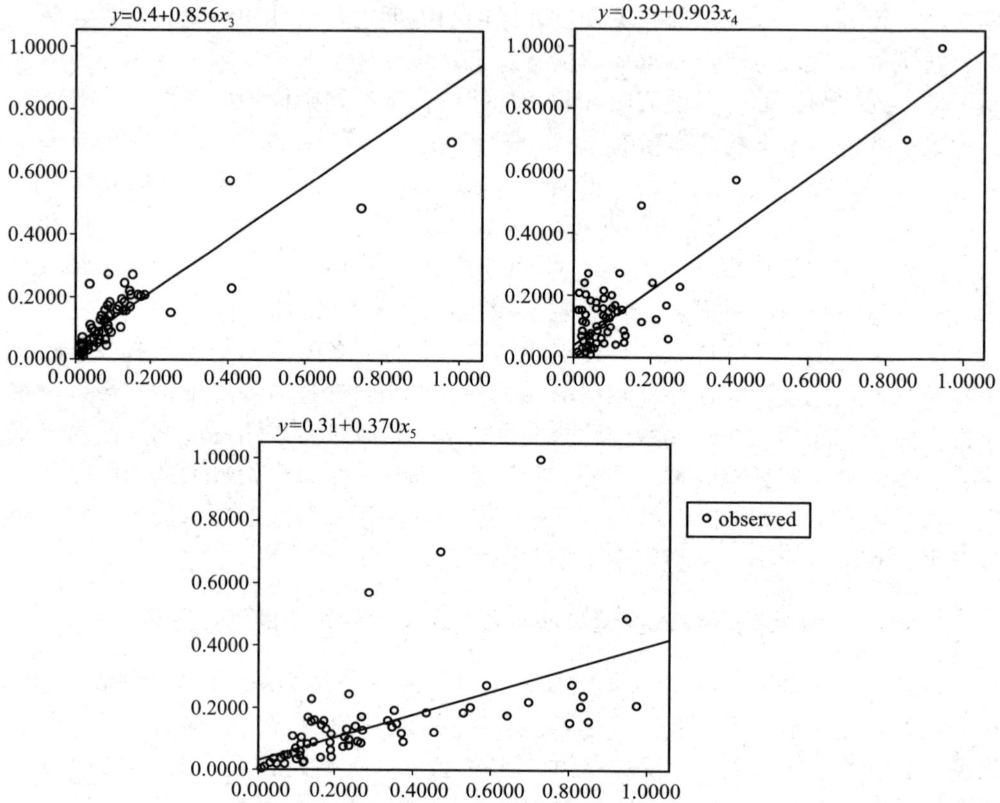

$y=0.4+0.856x_3$

$y=0.39+0.903x_4$

$y=0.31+0.370x_5$

observed

图 4-12　全省基本公共服务要素的散点图

（2）重点开发区（y_2）散点拟合如图 4-13 所示：

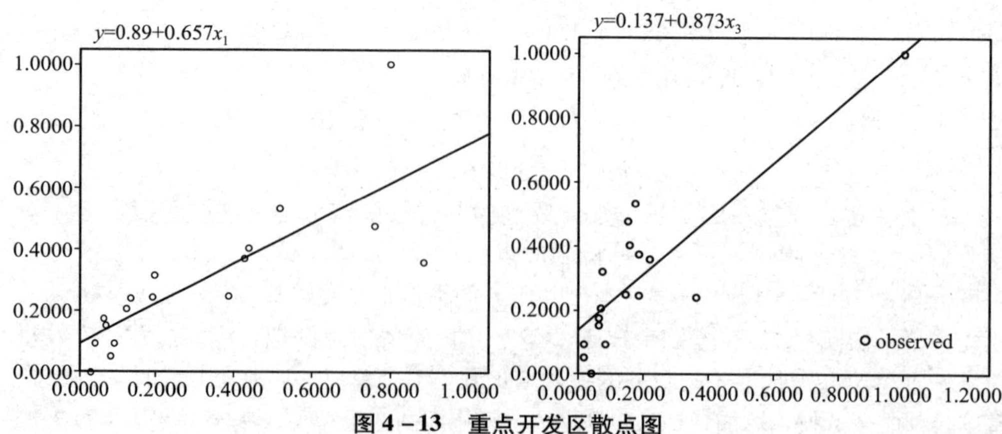

图 4-13　重点开发区散点图

分析：2000～2010年重点开发区基本公共服务的平均水平受人均GDP和人均财政收入影响最大，以图4－13看，这两个因素的散点图拟合度高。人均GDP每投入一个单位，基本公共服务的投入增加0.381个的单位。财政收入增加一个单位，基本公共服务的投入增加0.602个单位。重点开发区10年的公共服务建设以自立为主，原因在于其的经济水平相对较好，有公共服务的投入和建设能力，并且为吸引产业发展的各要素，公共服务能力作为其前提基础，也受到更多的重视。

（3）限制和禁止开发区（y_3）散点拟合图如图4－14所示：

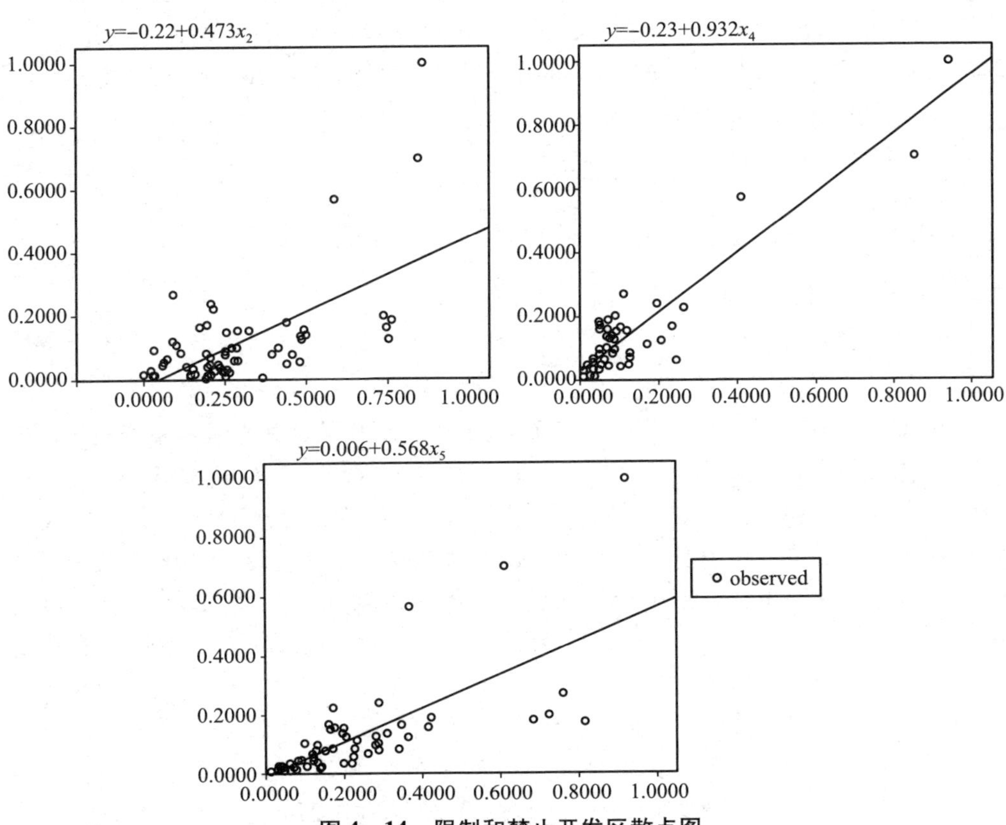

图4－14　限制和禁止开发区散点图

分析：2000～2010年限制和禁止开发区基本公共服务的平均水平受人均GDP、人均财政支出、城镇化的影响最大。以图4－14看，这三个因素的散点图拟合度高。人均GDP每投入一个单位，则基本公共服务的投入增加0.114个单位。财政支出增加一个单位，基本公共服务的投入增加0.772个单位。城镇化提高一个单位，基本公共服务投入增加 0.201 个单位。限制和禁止开发区 10 年平均水平为负值，显示该区域公共服务水平依然严重不足。其建设以自立为主结合各项支付能力，原因在于限制和禁止开发区经济能力较弱，2005 年以后逐渐扩大转移支付力度，但本身公共服务严重不足，短期内其投入不能很快改变落后的现状，需要一个长期的过程。

4.6.4.2 各类型区投入要素与基本公共服务的线性回归分析

设 Z 为全省整体的基本公共服务，D 为重点开发区基本公共服务，C 为限制和禁止开发区基本公共服务，x_i 代表各种投入因素，与相关性分析中自变量一致。建立因变量与自变量 x_i 的回归方程，各类型区在第 n 年（“1” =2000 年、“2” =2005 年和“3” =2010 年）的基本公共服务水平与投入要素的回归方程如下：

（1）全省各县区各年多元线性回归：

$$\begin{cases} Z_1 = 0.001 + 0.24x_3 + 0.713x_4 + 0.176x_5 & (4-18) \\ R^2 = 0.893 \quad F = 239.756 \\ Z_2 = 0.01 + 0.77x_2 + 0.17x_3 + 0.51x_4 + 0.13x_5 + 0.42x_7 - 0.26x_8 & (4-19) \\ R^2 = 0.950 \quad F = 275.386 \\ Z_3 = -0.37 + 0.571x_4 + 0.245x_5 + 0.236x_6 & (4-20) \\ R^2 = 0.950 \quad F = 275.386 \end{cases}$$

从以上回归方程看，全省整体三个年段中，各因素对基本公共服务影响中，2000 年为人均财政支出（0.713），2005 年为人均 GDP（0.77），2010 年为人均财政支出（0.571），显著性线性相关。即其他因素不变时，2000 年人均财政支出每增加一个单位，用于基本公共服务投入增加 0.713 个单位，2005 年人均国民生产总值每增加一单位，则用于基本公共服务投入增加 0.77 个单位，2010 年人均财政支出每增加一单位，用于基本公共服务投入增加 0.571 个单位；从线性回归看 2000 ~ 2010 年全省基本公共服务的投入发展方式是以自立→自立结合外援→自立为主外援为辅的三个阶段。

（2）重点开发区各年多元线性回归：

$$\begin{cases} D_1 = 0.111 + 0.564x_3 + 0.337x_5 + 0.213x_8 & (4-21) \\ R^2 = 0.979 \quad F = 244.997 \\ D_2 = 0.29 + 0.71x_3 + 0.261x_5 & (4-22) \\ R^2 = 0.865 \quad F = 52.121 \\ D_3 = 0.136 + 0.797x_1 & (4-23) \\ R^2 = 0.806 \quad F = 67.513 \end{cases}$$

从以上回归方程看，重点开发区三个年段各因素对基本公共服务影响中，2000 年人均财政收入（0.564），2005 年为人均财政收入（0.71），2010 年为人均 GDP（0.797），即如其他因素不变，2000 年人均财政收入每增加一个单位，基本公共服务投入增加 0.564 个单位。2005 年人均财政收入每增加一个单位，公共服务投入增加 0.71 个单位。2010 年国民生产总值每增加一单位，基本公共服务投入增加 0.797 个单位；因此，2000～2010 年重点开发区基本公共服务的投入与提高从自立结合外援→基本自立→自立为主逐步过渡的三个阶段。原因在于重点开发区初期经济与产业建设、产业优势与城镇化中的大量投入、主体功能区划后鼓励发展的政策，使其投入能力得到提高，所以后期逐渐能够自立。

（3）限制和禁止开发区各年多元线性回归：

$$\begin{cases} C_1 = -0.016 + 0.113x_2 + 0.835x_4 + 0.141x_5 & (4-24) \\ R^2 = 0.899 \quad F = 204.613 & \\ C_2 = -0.013 + 0.069x_2 + 0.556x_4 + 0.172x_5 + 0.160x_6 & (4-25) \\ R^2 = 0.957 \quad F = 386.060 & \\ C_3 = -0.029 + 0.197x_1 + 0.204x_5 + 0.399x_6 + 0.399x_8 & (4-26) \\ R^2 = 0.934 \quad F = 245.803 & \end{cases}$$

通过以上回归方程可以看出，在限制和禁止开发区三个年段中，各因素对基本公共服务影响：2000 年为人均财政支出（0.835），2005 年为人均财政支出（0.556），2010 年为人均税后返还额（0.399）与人均一般转移支付额（0.399）。即如其他因素不变，则 2000 年人均财政支出每增加一个单位，基本公共服务投入增加 0.835 单位。同样，2005 年增加 0.556 个单位。2010 年两项转移支付每增加一单位，基本公共服务投入各增加 0.399 个单位；因此说明 2000～2010 年限制和禁止开发区基本公共服务的投入与发展从自立→自立结合外力→外力起主要作用的三个阶段。原因在于，2000 年，一方面该类型区本身经济能力的薄弱，另一方面对基本公共服务建设尚未形成重视，也没有更多的能力与精力关注。因此，如果以自身经济能力为主，其基本公共服务水平为负值，严重低于重点开发区；2005 年逐渐开始重视加大转移支付的力度，2010 年则以转移支付为主要手段，基本公共服务水平有所提高，但仍然为负，供给严重不足。

总体上，因为对全省整体的各年段的影响中，限制和禁止开发区的影响较大。这些区域所占的面积较大，经济发展水平不高，转移支付的力度不够，基本公共服务严重不足，进而影响到整体水平的提高；其次，重点开发区给予相应的产业发展优势，其经济能力较好，所以对其转移支付的力较弱，其人口增长以及人口密度的增加较快，导致基本公共服务的数量和质量难以及时跟进。

本章小结

通过对甘肃省主体功能区框架下，各县区在2000年、2005年和2010年三个截面年的基本公共服务水平与均等化程度的时间和空间的变化分析得出：

（1）各类型区的基本公共服务在空间分布上呈现北高南低、重点开发区高于限制和禁止开发区的格局，在10年的发展中，北部逐渐均衡，南部逐渐提高。

（2）从基本公共服务均等化的水平来看，全省各县区基本公共服务差异化明显，虽逐年改善，但不均等程度依然严重。重点开发区框架下的各县区基本公共服务水平较好，并且均等化程度高于限制和禁止开发区，限制和禁止开发区失衡的基本公共服务水平对全省的整体水平的影响更大。

（3）影响基本公共服务水平的主要原因是各种投入要素，通过对各种投入要素与基本公共服务的相关性分析发现，重点开发区的基本公共服务从自力更生与外力支持相结合逐渐过渡到自力更生为主，限制和禁止开发区从自力更生与外力支持相结合逐渐过渡到外力支持为主。要实现基本公共服务均等化，就要加强对限制和禁止开发区基本公共服务的提高，以“最弱者的最大利益”为原则实现均等化，彰显公平。

第 5 章

均等化的临界水平

基本公共服务均等化是我国缩小区域间、群体间差距，实现公平正义，构建和谐社会，实现可持续发展的必然要求。是指政府为满足公民基本需求，在不同阶段以不同标准和范围、在区域间、公民间提供大体均等的基本公共服务资源的过程[112]。均等化不是平均化，不是简单平均或者相等，而是强调政府提供基本公共服务的底线，即一个能给予公民生存与发展所需的基本公共服务的底线标准，使全体公民享受基本公共服务的机会均等，结果大体均等[113]。通过空间分析可以看出落后区域决定整体的基本公共服务水平，所以我国目前基本公共服务的均等化，应当是使弱势群体状况得到最大限度的改善，并使不同功能区、不同群体享受基本公共服务有一个基本保底的均衡线，线上可以提高，线下则需引起警戒与重视，加大各方面的投资与政策力度。

5.1　均等化供给的配置原则

长期以来，经济发展、基本公共服务配置都以“效率优先、兼顾公平”为指导原则。但在主体功能区划以后，产业发展与投资方向在不同的功能区有差异，因此基本公共服务建设在自发配置资源过程中，如果仍以“效率优先，兼顾公平”，则有失公平。不同功能区基本公共服务的供给水平，既要考虑地方财政收入，又要考虑既定的投资，即转移支付的比例。重点开发区框架的各县区地方财政收入高于限制和禁止开发区，其供给能力强于后者。要实现均等化，基本公共服务的各项资源配置就要达到帕累托最优，基于各区域财政收入和财政投资有限，要对供给总量限定下的资源配置的效率与公平顺序进行调整。也就是在既定收入与投资结构下，各主体功能区基本公共服务的分配与配置原则不能只追求效率而忽视公平。以“埃奇沃斯盒子[114]”可以解释基本公共服务在各功能区配置效率与公平的顺序。爱尔兰经济学家埃奇沃斯以“埃奇沃斯盒子”（Edge worth

Box）揭示当所有消费的总量或经济活动中使用的投入品总量固定时，如何配置资源、考察效率。盒子的长与高分别代表两个消费者所拥有的两种商品总量，各点表示两种商品的总供给量在两个消费者间的配置状态。以埃奇沃思盒子来说明两大类功能区划下基本公共服务的两种供给方式，以及两种功能区下的消费者。对这种结构下的基本公共服务的配置在效率与公平之间的均衡关系。以成本分担制划分基本公共服务的供给主体，我国现阶段大部分基本公共服务的供给模式为国家供给，国家、集体和个人结合供给以及少量的私人供给两种，基于其公益性特点，主要供给主体是国家。因地方财政资金有限，基本公共服务的供需矛盾突出，一些组合式（政府与集体或者个人共同分担以及私人提供）的供给方式，成为分解国家供给压力的主要方式。以基本公共服务配置的埃奇沃思盒子中：a. 以供给主体假定我国基本公共服务有两种，完全由政府提供（如中小学教育资源）、组合式提供（如养老保险、大学教育等）；b. 假设有两类区域的基本公共服务消费者，即优化重点开发区与限制和禁止开发区两种经济能力的消费者。那么，各功能区基本公共服务以及基本公共服务的投资分配在效率与公平之间的组合表现，如图 5 - 1 所示：

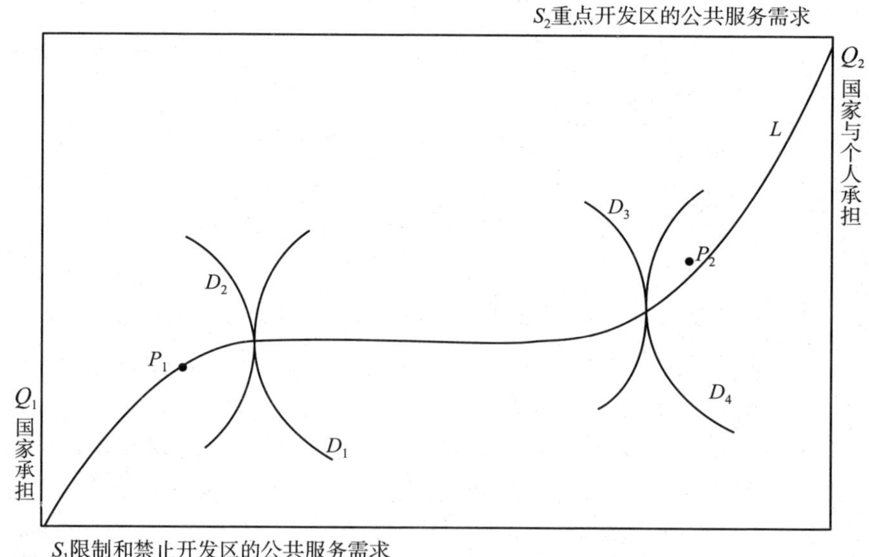

图 5 - 1　基本公共服务配置的效率与公平原则

图 5－1 中，S_1 和 S_2 是各类型区的基本公共服务需求，即不同类型区的基本公共服务消费者。Q_1 和 Q_2 是两种公共服务，即政府完全提供以及政府和个人分担提供的公共服务。P_1 和 P_2 是两种基本公共服务的不同配置，L 为效率曲线（所有无差异曲线切点的集合，是两种产品在两大类功能区消费者间的最优分配，即帕累托最优状态）。整个盒子以及边界都体现了两种基本公共服务在两种供给模式下，两种消费者之间所有可能的配置。P_1 在效率曲线上，符合帕累托最优。P_2 的配置远离效率曲线，不符合帕累托最优，如果根据"效率与公平"原则，选择 P_1 的配置，则会失去公平性，因为 P_1 点虽在效率曲线上，但过于接近原点，即政府完全提供或者组合提供能力都在较低的阶段。而 P_2 虽不在效率曲线上，但其处在政府提供与组合提供都比较均衡的阶段，较能满足基本的公共服务需求，体现均等化的要求。因此，仅仅注重效率，不能实现区域基本公共服务的均等化。有限的资金投入下，要追求效率更要体现公平。所以在主体功能区框架下各区域基本公共服务的提供上，应当以"公平优先，兼顾效率"为公共服务资源配置的实际指导原则。

基本公共服务的均等化体现着公平正义，通过资源的有效配置来实现公平。在实现均等化的过程中，一方面保证落后区域能够享受到所需的基本公共服务，一方面认可发达区域的基本公共服务提高，基本公共服务的均等化不是平均化。

首先，在实践中，尤其是在功能区划以后，可能面临基本公共服务供给的空洞效应，带来基本公共服务的两极分化，从而拉大区域差距，因此需要强调均等化这一关键作用，但均等化水平有区别。满足区域内人民的基本公共服务需求，但不是强调所有人都拥有一致的基本公共服务水平。它是在保障所有公民都享有一定标准之上的服务，强调的是一种"底线均等"，即在一定社会条件下，人民可以享受到最低水平的基本公共服务。这一观念认可区域服务质量、数量和效果方面差异的存在。

其次，基本公共服务的标准并非一成不变，它应当具有阶段性的特征。应随着经济的发展和人民生活水平的提高，对基本公共服务结构数量的需求变化而变化，呈不断调整的趋势。因此，相应的阶段，基本公共服务的范围、内容以及标准随之发生动态变化[115]。

因此，结合我国经济发展初、中、高级阶段，人民生活水平的温饱、小康、富裕阶段，建立相应的基本公共服务均等化标准，从低到高分为三个层次：低度均等化、中度均等化和高度均等化。首先是低度均等化，是最低限度的均等，也是基本公共服务的贫困临界水平。这个层级的均等化是保障不分区域人们生存与生活最低的基本公共服务需求；其次是中度均等化，在经济发展中期，人民生活达到小康阶段，供给能力较弱的区域得到一定提高，满足了最低层次需求后，要实现的较高层次的均等，是一种从低到高之间的过渡；最后是高度均等化，实现工业化以及现代化后，人们生活达到富裕，各区域的基本公共服务水平较高，开始追求高质量和效率的均衡，则需要达到高度的均等。甘肃省处于西北不发达区域，贫困面大，正在向小康努力，区域经济不均衡，并在全国主体功能区划中以承担生态职能为主。城乡间、各功能区间的基本公共服务差异很大，限制和禁止开发区大部分区域处于严重不足状态，基本公共服务区域间不均等化严重。因此，在这样的前提下，实现基本公共服务均等化只能是基本的均等化，即底线均等。基本均等化值是各县区保障人们生存与生活最低的临界值，一定程度上相当于警戒线，线以下则是基本公共服务严重不足不能满足基本需求。设定临界值，保障各区域最低的需求，实现公平从而转化为效率，缩小区域间差异。

5.2 均等化临界水平的设定

对均等化临界水平的衡量，目前没有形成共识，马国贤[116]认为基本公共服务均等化应该是人均财力均等化、公共服务标准化、基本公共服务最低公平三种模式，但量化比较困难。中国财政学协会①认为应当是财政收入、财政支出、人口、财政收支、财政收入与支出需求的五种均衡模式。而吴乐珍[117]认为在前几种基础上应当加入各项基本公共服务的人均占有（消费）数量以及基本公共服务的居民满意度，在实践中主要有以下几种方法。

5.2.1 财力均等化法

一个地区的财政收入水平直接体现了其基本公共服务投资能力，财政收入高的区域有相对的能力支持基本公共服务建设。财政收入低的甚至是维持“吃饭财政”的区域，并不因低的财政收入而省略基本财政支出，因此常出现入不敷出的现象。主体功能区划后的限制和禁止开发区框架内的县区，财政收入不高，又承担全区域的生态安全职能，在基本公共服务均等化过程中，国家的纵向支持与区域的横向支持，作为这些区域承担公共职能后失去一些经济发展机会的对价。但是在实践中，转移支付广泛存在，需要以实现均等化所需的标准来界定各区域转

① 中国财政学协会“基本公共服务均等化问题研究”课题组（2007）。

移支付额，发挥转移支付在均衡过程中主要的作用。

如果以财政收入来替代基本公共服务的基本临界水平，转移支付的力度是以临界值减去实际财政收入的差额。这种方法下基本公共服务均等化更接近于财力均等化，则区域的财政支出的均等化是度量基本公共服务均等化的指标。从成本分担来讲，国家完全负担成本的基本公共服务在各区域差距不大，而由共同负担、集体或个人负担的基本公共服务，因地方的财政收入水平而拉开距离。所以，各地区政府财政收入能力的差异是导致不同地区公共服务水平均等化实现程度差异的原因，其计算公式如下：

$$l = \sum_{i=1}^{m} Y_i / \sum_{i=1}^{m} p_i,\ (i=1,\ 2,\ \cdots,\ m) \tag{5-1}$$

$$Z_i = l_i - X_i,\ (i=1,\ 2,\ \cdots,\ m) \tag{5-2}$$

式中，Y_i 表示第 i 区域基本公共服务的人均财政支出，p_i 表示 i 区域的人口，X_i 表示 i 区域的人均财政收入，l 表示基本公共服务均等化的临界值，Z_i 表示距离均等线的差额，即转移支付额。将甘肃 87 县区从重点开发区与限制禁止开发区排列，以 2010 年的财政收入与财政支出为例，依据式（5 －1）和式（5 －2）计算，均等化临界值与转移支付额如图 5 －2 所示：

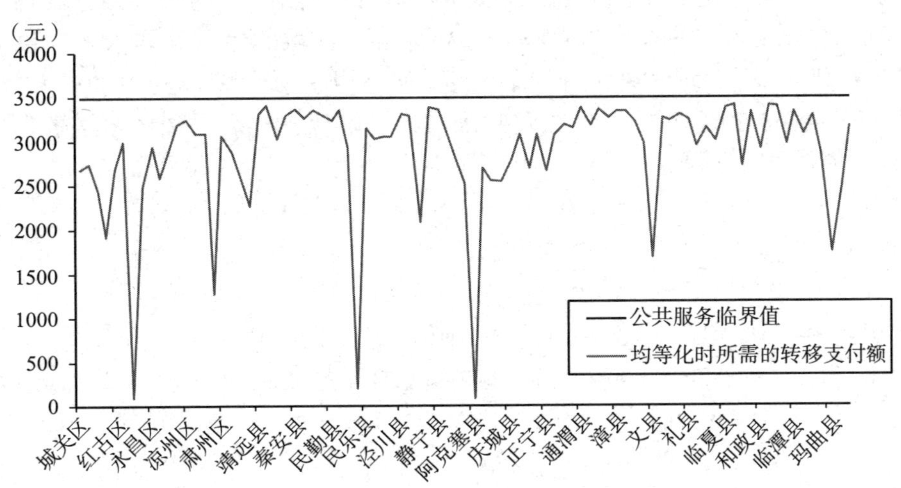

图 5 －2　财力均等下的基本公共服务均等线与转移支付额

分析与讨论：以财力均等化来替代基本公共服务均等化的方法中，基本公共服务人均支出的均等化值就是基本公共服务均等化临界水平。2010 年为人均财政支出为 3496 元，即均等线。据此，减去各县区本年的财政收入能力，则所需的转移支付如图 5 －2 所示，弧度越大越接近于坐标原点，则需要的转移支付额度越低。从图 5－2 看，整体波动性很大，说明基本公共服务的支持力度与自我保障力量的差异很大，功能区间以及功能区内部差异也很大，重点开发区所需转移支付弧度接近原点，说明其均等化时所需的转移支付相对较低。限制和禁止开发区转移支付弧度远离原点，说明需要的转移支付额比较大。波动小说明区域内收入都较低，限制和禁止开发区之间差距不大。这种方法考虑到影响区域公共服务的收入因素，但忽视了现代经济发展阶段，人口密度、教育水平等因素对公共服务的供给与需求产生的重大影响。

5.2.2 中值法

经济水平、政策机制、社会人文等都会影响基本公共服务水平，要综合考虑各影响因素对均等化的作用，以及转移支付的效用。对各地区的基本公共服务支出水平与各地区的经济发展水平、财政能力因素进行回归，求出拟合曲线，代入各区域经济发展和财政能力的中值，即均等化服务的临界值。中值法仍然以综合各区域的经济发展水平对基本公共服务的影响为主要方法，但相对于第一种方法，考虑了其他因素的影响。

设：Y_i 为第 i 区域的基本公共服务的人均财政支出，l_i 为公共服务的均等化临界值，X_1 为 i 区域的人均财政收入，X_2 为第 i 区域的经济发展水平（以人均 GDP 来替代），Z_i 表示距离均等线的差额，也是下一步转移支付额的参考标准，则以甘肃各县区 2010 年的人均财政收入与人均财政支出以及经济水平数据，利用 SPSS 建立回归方程：

$$l = 3521.09 - 0.043X_{1i} + 3.12X_{2i} \quad R^2 = 0.54 \quad F = 52.814 \tag{5-3}$$

计算得 2010 年 X_1 中值 $= 10540.31$，X_2 中值 $= 420.61$，代入式（5－3）：

$$l = 3521.09 - 0.043 \times 10540.31 + 3.12 \times 420.61 \tag{5-4}$$

$$l = 4788.05$$

$$Z_i = l - X_i,\ (i = 1,\ 2,\ 3,\ \cdots,\ m) \tag{5-5}$$

根据 2010 年各功能区的经济发展水平、财政能力建立回归方程，计算中值后得出的基本公共服务均等化临界值为 4788.05 元。中值法算出 2010 年转移支付趋势线和财政均衡法中的趋势相似，仅额度成比例增长。如图 5－3 所示：

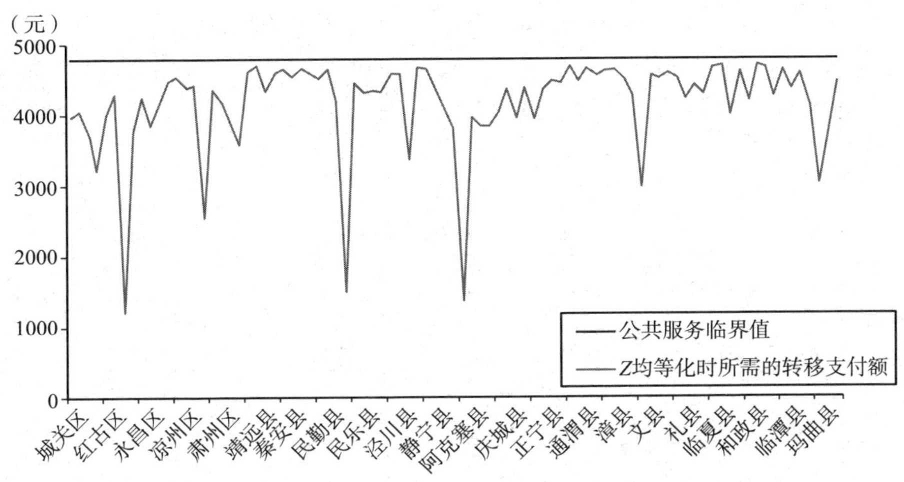

图5－3 中值法下的基本公共服务均等线与转移支付额

从图5－3看曲线方向趋同，幅度差异。说明这两种方法在基本公共服务的临界值计算上，设置的变量具有同质性。其中经济发展水平在建立模型中，对基本公共服务支出均等化的影响很大。各功能区的发展方式带来财政收入水平的区域差距较大，重点开发区比限制和禁止开发区的收入增量大，支出能力增加，拉动均等临界水平提高，所需的转移支付力度小。限制和禁止开发区基于财政收入薄弱，用于基本公共服务支出有限，临界水平低，需要的转移支付额高。这两种方法在评价影响因素时随机性大，而建立公共服务的临界值，需考虑各种内部与外部影响因素中对基本公共服务影响的相关性以及影响程度。

5.2.3 熵中值与要素回归

基本公共服务反映人们生存与发展的基本公共服务需求，现代化社会中，投入产出、人口密度、人口素质、政策选择等各种因素都会影响基本公共服务的均等化。所以，不能单一地以财政因素或主观推测来评价分析。本书采用基本公共服务熵值的中值作为基本公共服务的临界值。对基本公共服务与可能的影响因素做相关性分析，找出重点影响基本公共服务的因素后，建立回归，将临界值代入回归方程，推算各区域达到基本公共服务临界值时，所需要的转移支付额。

5.2.3.1 相关性与回归模型

以各县区2010年投入产出因素对基本公共服务的影响进行相关性分析，其中，y为第i区域的基本公共服务水平（基本公共服务熵，分），x为投入要素，其中经济发展水平 x_1（人均 GDP，元），人均国民生产总值 x_2（人均 GNP，元）、人均财政收入 x_3（元），人均财政支出 x_4（元），城镇化水平 x_5（%），转移支付额 x_6（元），采用 SPSS17.0 计算 y 与 x 的相关性。相关系数矩阵如表 5－1 所示。

表 5－1　　各变量的相关系数矩阵

	x_1	x_2	x_3	x_4	x_5	x_6
y	0.803 **	0.571 **	0.770 **	0.744 **	0.594 **	0.650 **
x_1	1	0.711 **	0.834 **	0.534 **	0.614 **	0.316 **
x_2		1	0.433 **	0.141	0.729 **	0.014
x_3			1	0.733 **	0.359 **	0.504 **
x_4				1	0.057	0.890 **
x_5					1	0.002
x_6						1

**. Correlation is significant at the 0.01 level (2－tailed).

从相关系数矩阵看，各影响因素中，相关性显著水平依次为经济发展水平、人均财政支出、人均财政收入、转移支付额、人均国民生产总值以及城镇化水平。各影响因素间的相关性也较高，不能直接进行回归，需要剔除重复变量。因此，以逐步回归法进行回归，得出回归方程如下：

$$y_i = -0.32 + 1.12 \times 10^{-5} x_{1i} + 6.23 \times 10^{-5} x_{4i} + 0.01 x_{5i} + 8.19 \times 10^{-5} x_{6i} \quad (5-6)$$

$R^2 = 0.889$

$F = 164.397$

5.2.3.2　求临界值

当基本公共服务水平的区域差距较大时，加权平均并不能公平反映区域间基本公共服务水平。因此，中位数能较实际地体现中间水平。中位数即中值，是将一组数据经过升序排列后，居于中间的数抽取出来作为这组数据的平均水平，如数据组是奇数，则中值是中间的一个数，数据组是偶数，中值是位于中间的两个数的平均值。设：有 n 个数据，数据按升序排列后，当 n 为偶数时，中位数为第 $n/2$ 位数和第 $(n+2)/2$ 位数的平均数。如果 n 为奇数，那么中位数为第 $(n+1)/2$ 位数的值。

设 l_i 为基本公共服务的临界水平值，y_n 为 2010 年甘肃 87 个县区的基本公共服务水平中位数，则 $l_i = y_n$，以 Excel 对各县区公共服务值进行中位数计算得出中位数 $l_i = y_n = 0.7816$，甘肃各县区最低要保障的供给水平熵为 0.7816，则各县区基本公共服务实际水平与均等化水平比较，如图5－4所示：

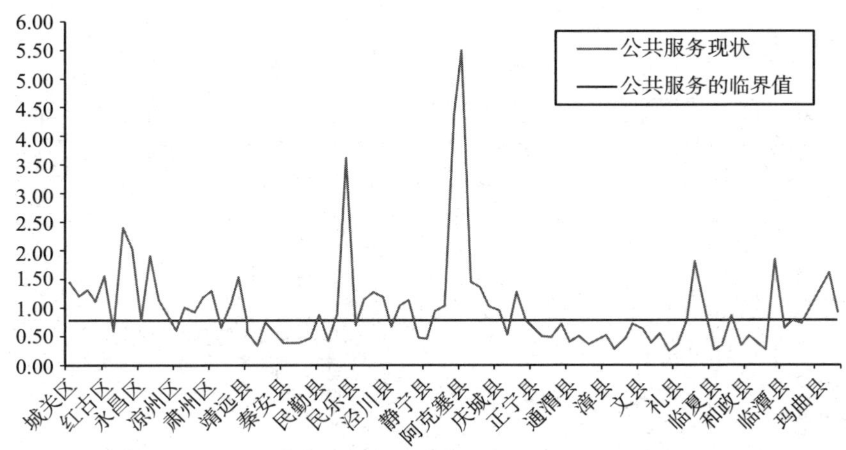

图5－4 熵中值下基本公共服务均等化水平与实际水平

分析：从图5－4看出，各县区的基本公共服务水平不均等现象依然严重，重点开发区基本上都处在临界水平之上，说明其基本公共服务水平较高，能达到最低的需求。而限制和禁止开发区基本公共服务严重不足，陇东南的限制和禁止开发区严重低于最低的保障水平，需要大力扶持加以提高，以满足该区域人们基本生存与发展基本的需求。

将基本公共服务的最低保障水平值，也就是临界水平值 $l_i = 0.7816$ 代入式（5－5）中，得到各区域基本公共服务均等化时转移支付的应当需要额（元），对各县区保障基本公共服务最低水平时所需的转移支付额与基本公共服务不均等现状下实际的转移支付额进行比较，如图5－5所示。

分析：其中，当年的转移支付额，是2010年基本公共服务不均等的现状下，各区域实际得到的转移支付额。临界水平时所需转移支付额，是各县区在满足区域内公民生存发展所需最低的基本公共服务需求时，需要的转移支付额。从图5－5可以看出，各区域保障最低的基本公共服务水平时对转移支付的需求差异很大。重点开发区需求较少，且在达到最低水平上尚有余力。限制禁止开发区为保障最低水平而需要的转移支付与实际得到的相差很大，不能满足基本的需求。这种计算方法能够体现区域间，尤其在划分功能区后各区域间的需求差异，具有可操作性和实践指导性。可以对区域的整体基本公共服务需求或某一项公共服务需求的临界水平下，各区域所需转移支付额的确定，具有实际应用价值。

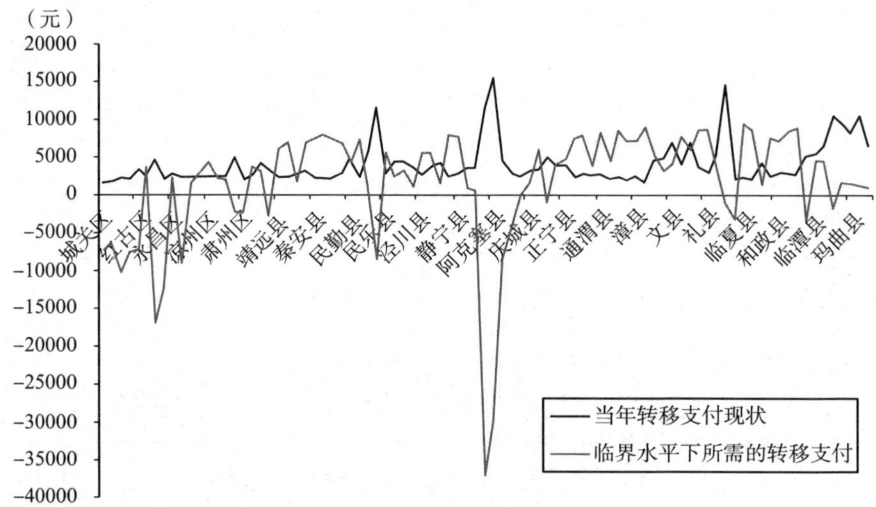

图 5－5　基本公共服务均等化时所需的转移支付与实际额

经济发展不同时期，基本公共服务的方式发展不同。在经济发展初期，各地以经济增长为主要目标，政府重在经济管理和秩序维护，这一时期的基本公共服务依托经济繁荣来提供与扩展，即经济增长引发。而经济发展中期，从农业转向现代化时，基于经济水平的差距，基本公共服务的供需矛盾凸显。其传统的政府职能不能满足社会需求，需要政府转变职能、重视服务职能，扶持和发展基本公共服务，提高人民生活质量，解决经济发展与基本公共服务不对称的问题。此时基本公共服务的发展以“扶持引导”实现。我国正处于传统农业社会向现代化社会的过渡，需要大力提高基本公共服务水平，实现均等化。功能区划后，基于各区域先天的差距与后天的差异，需要政府在经济增长和区域间平衡的政策权衡上[118]，做到公平与效率，才能实现可持续发展。我国“十一五”规划也强调了这一原则，即“根据资源环境承载能力、发展基础和潜力，按照发挥比较优势，加强薄弱环节，享受均等化基本公共服务的要求，逐步形成主体功能定位清晰，东中西良性互动，公共服务和人民生活水平差距趋向缩小的区域协调发展格局”。说明在经济发展不同阶段，基本公共服务配置的效率与公平选择顺序不同。基本公共服务的均等化对实现区域间均衡起重要作用，而转移支付作为均衡各功能区基本公共服务能力的主要工具，其力度对实现均等化至关重要。如果无法确定基本的临界水平，不能科学地衡量各区域所需的额度，那么就很难发挥转移支付主要作用，所以科学合理的标准是进一步投资与政策制定的依据。

第 6 章

公共服务与各功能区可持续发展的耦合度

国家编制主体功能区规划的主要目的，在于发挥各区域的比较优势，转变经济发展方式，调整产业结构，协调经济发展与环境保护以及人口、资源与环境的关系，提高人民生活质量，实现可持续发展。

可持续发展的概念，从提出直至确立为世界各国发展的指导战略，其内容在深度与广度上不断完善。20 世纪 50 ~ 60 年代，美国女生物学家莱切尔·卡逊（Rachel Carson）发表了环境科普著作《寂静的春天》在世界范围内引起了轰动，引发了人类关于发展观念上的争论。70 年代国际著名学术团体罗马俱乐部发表研究报告《增长的极限》，明确提出“持续增长”和“合理的持久的均衡发展”的概念。1987 年，世界环境与发展委员会在《我们共同的未来》报告中正式提出可持续发展概念，并将可持续发展定义为“既能满足当代人的需要，又不对后代人满足其需要的能力构成危害的发展”。在 1992 年联合国环境与发展大会上，可持续发展的要领得到与会者共识与承认[119]。我国在《中国 21 世纪人口、资源、环境与发展白皮书》中，首次把可持续发展战略纳入我国经济和社会发展的长远规划，党的十五大把可持续发展战略确定为我国“现代化建设中必须实施”的战略，是科学发展观的主要内容。

可持续发展（Sustainable Development），是以保护自然资源环境为基础，以激励经济发展为条件，以改善和提高人类生活质量为目标的发展理论和战略。主要包括社会可持续发展，生态可持续发展，经济可持续发展。其中，经济可持续是指区域的发展不能因为代际之间的更替而下降，即经济效率。社会可持续要求以提高人的生活质量为目标，兼顾经济与社会公正。生态可持续是在尊重生态保护环境与经济发展进行协调，即环境整体。所以生态可持续发展是基础，经济可持续发展是手段，社会可持续发展是目的。社会的可持续发展，需要人的可持续以及人与资源环境等发展的可持续。人的可持续要求实现代际公平与代内公平，代际公平是指当代人在发展与消费时应努力做到使后代人有同样的发展机会，代内公平是指同一代人中，一部分人的发展不能损害另一部分人的利益；发展的可持续，表现在人类的经济和社会的发展不能超越资源和生态环境的承载能力。要实现社会整体发展的可持续，就要建立人与人之间、人与生态环境之间良性互动文明，必须在改善人的物质条件的同时不断丰富人的精神生活，提高人的素质和能力，实现人的全面发展。因此，在经济决策时，必须考虑环境与社会的实际需求[120]。

我国实施可持续发展的战略指导思想是：坚持以人为本，以人与自然和谐为主线，以经济发展为核心，以提高人民群众生活质量为根本出发点，以科技和体制创新为突破口，坚持不懈地全面推进经济社会与人口、资源、生态环境的协调，不断提高我国的综合国力和竞争力，为实现第三步战略目标奠定坚实的基础。提高人民群众生活质量是出发点也是最终的归宿，要以人为本、尊重自然和社会，实现社会整体的、全面的可持续，是科学的发展观。

实现可持续发展，首先要解决现阶段面临的一些基本矛盾。目前制约我国可持续发展的突出的矛盾主要是：经济快速增长与资源大量消耗、生态破坏之间的矛盾，经济发展水平的提高与社会发展相对滞后之间的矛盾，区域之间经济社会发展不平衡的矛盾，人口众多与资源相对短缺的矛盾，一些现行政策法规不完善与实施可持续发展战略的实际需求间的矛盾，这些矛盾都是基于在经济发展中忽视了环境与社会的实际需求产生。为解决这些矛盾，协调经济发展与人口、资源环境的关系，实现区域均衡，主体功能区划对各区域的主要职能进行划分，确保在经济发展中，对生态环境的强制性保护，实现可持续发展。但是，一个成熟的发展模式，要达到永远保持其合理性，不仅要有动力学的机制，而且应当具有自我评价、自我约束、自我反省、自我规范的机制。只有如此，才能避免付出那些本可以避免的代价[121]。可持续发展包括人的可持续和人与生态环境的可持续，主体功能区划分的动力是实现可持续发展，但在划分以后怎样规范与合理评价，避免限制和禁止开发区失去全面发展的机会，避免人们享有的生存与发展基本公共服务权力的不公平，需要建立科学合理的机制。

我国一直在探索解决经济发展与生态环境保护协调发展的问题，主体功能区的划分直接确定各区域的主次职能，分工责任明晰。表现在：从“十一五规划纲要”提出的主体功能区划，到 2010 年 12 月国务院印发《全国主体功能区规划的通知》，确立各省所在的功能区划，且要求各省进一步细分功能区划，明确各县区的主要职能。对人的发展问题的探索，表现在基本公共服务的提出到规范化，2006 年 10 月，中共十六届三中全会首次在中央的文件中提出“基本公共服务均等化”，并提出完善为实现均等化所需的基本财政制度，2008 年确立了未来服务型政府建设的关键是建立基本公共服务体系，长远目标是基本公共服务均等化，2012 年国务院印发《国家基本公共服务体系“十二五”规划的通知》，确立了基本公共服务的范围。综上，两者都以实现可持续发展为目的，相互影响，不可割裂。主体功能区是我国社会经济发展以及人民生活质量提高、实现可持续发展的一项战略性选择。实现这一战略，人的问题最关键。解决人生存与发展的基本需求，一方面是可持续发展的内容之一，另一方面，是实现可持续发展中其他可持续的基础。现阶段，人们对生存与发展的基本公共服务的需求是人最迫切的需求，其供需矛盾已成为制约可持续发展的主要矛盾。

基本公共服务与主体功能区从探讨到确立直至规范化，一方面，基本公共服务随着服务型政府职能的不断强化而得以提升，例如教育、医疗、社会保障这些基本公共服务的普及，对缩小城乡、群体间的差距有巨大的转折作用；另一方面，主体功能区随着可持续发展对区域均衡程度的要求，而逐渐受到重视，例如十八届三中全会《决定》中提出的“划定生态保护红线，坚定不移实施主体功能区制度，建立国土空间开发保护制度，严格按照主体功能区定位推动发展，建立国家公园体制。建立资源环境承载能力监测预警机制，对水土资源、环境容量和海洋资源超载区域实行限制性措施。对限制开发区域和生态脆弱的国家扶贫开发工作重点县取消地区生产总值考核”的思想，确立以主体功能区为框架的可持续发展主旨、产业发展方式与政策选择。

基本公共服务是不分区域人的生存与发展的基本需求，它与人口、资源和生态环境的耦合是实现可持续发展的前提。甘肃省经济水平不高，基本公共服务水平落后，在主体功能区划分后提高各县区的公共服务水平，就需要协调好人的发展与经济发展之间的关系，以及基本公共服务与可持续发展的耦合水平。

从甘肃省基本公共服务空间质量分布的变化看，经过 10 年建设发展，各县区的基本公共服务水平“北优于南、西优于东”的空间格局一直存在，但各类型区内部有所改变。从各类型区基本公共服务均等化程度的洛伦兹曲线比较，全省均等化程度逐渐提高，重点开发区的均等化程度高于限制和禁止开发区。

经济发展与环境保护、人口与资源环境的关系，实现可持续发展，都取决于一定经济水平下的政策选择与政府强制干预，即以法律与各项政策以及强制力手段作为保障。主体功能区的优势在于以地理属性、以同质性对各区域分类，依据特点区分其主要职能，施以相应的政策措施，具体问题具体分析，协调各要素的关系，为政策的制定与选择构建了一个载体。同质的区域施以相同的政策，不同的区域施以不同的政策，扬长避短，有利有弊，其利弊选择在于政策的干预程度，如果政策干预力度不够或缺失，反而会拉大区域差距。只有干预适度，实现区域间、群体间基本公共服务的均等化，才能保障公民基本的公共服务需求，实现可持续发展。

因此，以主体功能区为载体，推进基本公共服务均等化，实现可持续发展的水平依赖于政策手段干预。2000～2010 年这种载体从无到有、相应政策不断进行调整和完善，主体功能区划后，各类型区产业的发展带来区域可持续发展的差异，需要重视政策干预的方向、力度以及手段。本书对甘肃省 10 年基本公共服务建设后，最终各类型区框架内基本公共服务均等化的水平与可持续发展的人口、资源以及生态环境的耦合度，以及“协调—发展”类型进行空间研究，分析各县区基本公共服务水平现状下能承载的可持续发展程度，以及可持续发展中各区域基本公共服务满足程度，即两者相互的协调发展度。为下一步缩小区域差距、实现均等化的政策选择、政策调整与政策干预提供借鉴。

6.1 协调度与耦合度

可持续发展从协调各要素的关系出发，以各要素的耦合为目的，实现良性循环。耦合即协调发展，协调是过程，耦合（协调发展）是目的。协调的含义最早在经济学理论“以商品生产商品”的均衡模型中将协调表达为平衡[122]，后又在经济学的供求均衡理论中将协调表达为均衡[123]。协调，即在各种力量共同作用下，系统趋向均衡以及最终达到的均衡状态。耦合是协调在良性循环基础上，由低级到高级，由简单到复杂，由无序到有序的总体演化过程[124]。协调强调相互作用的强弱，耦合强调良性程度的大小。

可持续发展的最终状态，是不同区域的协调与不同群体的协调，区域协调是区域内部和谐与外部的共生[125]，是内在性、整体性和综合性发展的最终聚合，使内部形成有机整体、相互促进协调，以良性竞争、紧密合作，且与区域外融洽区域关系，形成优势互补，促进经济、社会、文化和生态的可持续发展格局，达到区域内外高度和谐的发展。群体的协调，是不同群体在生存与发展过程中的社会公平。区域协调与群体协调相互影响、相互促进。区域协调发展的主旨是要统筹区域间、经济与社会、人与自然、独立自主与对外开放，经济与基本公共服务等因素的协调，推进社会各环节的协调和谐，实现可持续发展。基本公共服务与人口、资源与生态环境的耦合度类型，也是各区域以及不同群体间的协调与可持续发展程度的体现，是对各区域人口、资源与生态环境承载力范围内基本公共服务的供给与需求水平分析，以及现存基本公共服务水平下人口资源生态环境的损益的有效评价。

基本公共服务的供给要与一定的人口、资源、生态环境相协调，在人口资源环境承载力内合理配置基本公共服务资源，避免人口密度过大基本公共服务供给不足，也避免经济水平落后基本公共服务滞后的情况。使各区域基本公共服务匹配可持续发展的需求，也使可持续发展中人的需求得到基本保障。主体功能区划以后，经济产业结构政策的调整与空间结构相伴变动，对实现均等化带来挑战，均等化的基本公共服务能引导经济与人口、资源、生态环境相协调适应，协调区域的产出能力的有限性与人们需求增长之间的关系，实现可持续发展。所以，评价其耦合度，为基本公共服务进一步建设与投资找出差距，提供借鉴。关于耦合度的分析方法，目前研究较为成熟，廖重斌[126]以珠江三角洲城市群为例，建立了环境与经济的协调发展度模型，为协调发展的研究提供可行性研究。吴文恒、牛叔文等[127]利用协调发展度模型评价了中国 1986 ~2005 年人口资源环境耦合的演变，并对不同耦合阶段进行分析建议。任玉珑、甘文媛等[128]以系统协调模型对中国 1995 ~2001 年电能与环境的协调度进行评价。余凤鸣、杜忠潮等[129]结合熵值法与协调度模型对西安市 2001 ~2010 年的经济发展与生态环境的耦合关系进行了研究。

以上大量采用协调度模型对经济与环境，人口与环境的耦合研究分析，为进一步分析基本公共服务与主体功能区可持续发展的耦合关系提供了科学依据。本书以主成分分析法得出基本公共服务综合水平与可持续发展中的人口资源生态环境综合水平，结合学者廖重斌在文献中所建立的协调发展度模型，以甘肃 87 县区所处功能区为空间单元，对各功能区框架中各县区 10 年建设与发展后，达到的基本公共服务与人口资源生态环境的耦合度，以及子系统之间的“协调—发展”关系进行分析。

6.2　耦合度评价指标体系

根据指标选取的科学性、典型代表性、可比性、可操作性以及系统性原则，通过 CNKI 数据库对近年有关人口、资源和生态环境的设计指标频度分析，选出使用率较高，体现县区单元特点，可以获取的、可行性的指标，增加能够反映主体功能区与可持续发展特征的生态指标，进行归纳总结，建立 4 层 5 项 22 个指标。

6.2.1 基本公共服务水平

基本公共服务是公民生存与发展所需的服务，在经济区域差距短期内难以实现的前提下，以先期实现公共服务的均等化来缩小区域差距是必经的途径。在实现可持续发展过程中，良好的基本公共服务既利于实现代内公平，也引导代际公平的实现。因此，满足人们基本的生存与发展需求，才能协调经济发展与资源环境保护的关系。实现基本公共服务的均等化，利于区域之间的均衡，也利于减轻区域内部资源环境以及生态的压力，从而实现人们生活质量的提高，实现可持续发展。基本公共服务评价指标如第 4 章 32 个指标。

6.2.2 人口

可持续发展以人口、资源与环境的协调发展，经济增长与生态环境保护的良性循环下，提高人民生活水平，这也是主体功能区划的主旨。基本公共服务与人口的数量、质量以及人民生活水平相互影响。人口的数量与质量对基本公共服务的质量与结构提出要求，而基本公共服务水平会对人口的素质、密度、结构等质量与数量各方面产生影响。有良好的基本公共服务，人们就获得了生存与发展的基本条件来提高人口素质，使人力资本转化为物质资本，经济水平得到发展，从而有经济能力和精力投入基本公共服务建设；同时，人口素质提高，对基本公共服务的质量和结构的要求发生变化，促进基本公共服务的水平不断提高，从而实现良性循环。反之，基本公共服务难以保证人们生存与发展需求，则人力资本难以转化为物质资本，经济水平落后与贫困人口的增加，无相对经济能力投入基本公共服务建设，使基本公共服务水平停留在不足或低水平状态，长此以往而恶性循环，使区域差距以及群体不公严重，影响社会发展。

所以，人生存与发展的问题是基本公共服务均等化建设以及实现可持续发展最终要解决的，不同功能区的人口以及人民生活水平存在很大差异。保证主体功能区划以后各区域人们生活质量的提高，是决策者和执行者基本的责任。在评价体系中以人口的数量与质量、人民生活以及人均产出为系统层。以反映系统层的人口自然增长率、人口密度、文盲率、平均受教育年限、人口死亡率、非农业人口比重、农民人均纯收入、人均住房建筑面积、人均财政收入以及人均社会消费品零售总额来衡量。

6.2.3　资源

资源是人们生活与发展最基本的保障，资源问题也是未来各国与人类生存最忧虑的问题。基于贫困对资源掠夺式开发，以及长期以来在经济建设过程中，粗放式发展方式对资源的利用存在过度开发以及浪费，都是制约可持续发展的因素。所以，经济与社会的发展建立在环境的承载范围内，资源需要合理保护、有序开发。均等化的基本公共服务，使人们生存与发展有基本的保障，减少贫困、减轻资源环境的压力。实际上，研究经济发展、人民生活水平的提高与资源环境的承载力的协调也是人文地理学研究的主要范畴之一。主体功能区划以规范区域主要职能，协调经济发展与生态环境资源保护的关系为责任，生态环境本身就是公共品，是国家以及人们生存与发展的基本需求之一。可持续发展的实现，均衡发展与资源的合理利用与开发是关键。评价指标体系中，以耕地面积比重、人均耕地面积、人均农林牧渔业产值、用水普及率、人均农村用电量（电力为清洁能源、农村对清洁能源的需求增加，则减少对薪柴的需求，从而减轻对生态环境的破坏，因此以正指标）来衡量。

6.2.4　生态

生态一般指生物的生活状态，是生物在一定的自然环境下生存和发展的状态，也指生物的生理特性和生活习性。生态系统指由生物群落与无机环境构成的统一整体，生态系统是开放系统，为了维系自身的稳定，生态系统需要不断输入能量实现系统稳定[130]，稳定有序的生态系统为各子系统以及各要素的发展提供环境。生态是人类一切生产与生活的根源，生态系统为人类提供基本而广泛的必需品以及服务，人类直接或间接地从生态系统中获取各种利益，生态系统决定着人类的生活质量乃至生存。实际上，生态也是基本的公共品，生态系统使全人类受益，生态系统的开放性决定了其提供的服务具有外部性和无偿性，并且最有效、最廉价、最持久的生态服务的提供系统并不能由技术轻易地取代[131]。主体功能区划后，限制和禁止开发区提供了全省以及全国人民生存与发展所需的生态服务系统，所以应当公正地享受均等化的基本公共服务，在基本公共服务中得到补偿是基于其生态职能的对价，而不是施舍或同情。指标体系中以成灾面积占受灾面积比重、生态环境指数分值来体现。

生态状况指数①（EI，Ecological Index），是反映被评价区域生态环境质量状

① 参考中国环境监测总站生态监测技术室技术规定。

况的一系列指数的综合，包括衡量被评价区域内生物多样性的丰贫程度的生物丰度（x_1），评价区域内农田、林地和草地的面积占被评价区域面积比重的植被覆盖指数（x_2），评价区域水资源量、内河流总长和水域面积占被评价区域面积的比重的水网密度（x_3），以及评价区域内由风、水、冻融、工程、重力原因引起的侵蚀的面积占被评价区域面积比重的土地退化指数（x_4），单位面积上存在的污染物量的污染负荷指数（x_5），五个指数的计算公式分别如下：

$$EI = 0.25 \times x_1 + 0.2 \times x_2 + 0.2 \times x_3 + 0.2 \times x_4 + 0.15 \times x_5 \tag{6-1}$$

$$x_1 = Ab \times \frac{0.5 \times 森林面积 + 0.3 \times 水域面积 + 0.15 \times 草地面积 + 0.05 \times 其他面积}{评价区面积} \tag{6-2}$$

$$x_2 = Av \times \frac{0.5 \times 林地面积 + 0.3 \times 草地面积 + 0.2 \times 农田面积}{评价区面积} \tag{6-3}$$

$$x_3 = \frac{An \times 河流长度 + Al \times 湖库面积 + Ar \times 水资源量}{评价区面积} \tag{6-4}$$

$$x_4 = Ae \times \frac{0.05 \times 轻度侵蚀面积 + 0.25 \times 中度侵蚀面积 + 0.7 \times 重度侵蚀面积}{评价区面积} \tag{6-5}$$

$$x_5 = \frac{ASO_2 \times 0.4 \times SO_2 排放量 + Asol \times 0.2 \times 固废排放量}{区域面积 + ACOD \times 0.4 \times COD 排放量 \times 区域年均降雨量} \tag{6-6}$$

其中，Ab 为 x_1 的、Av 为 x_2 的、An 为河流的、Al 为湖库的、Ar 为水资源的归一化系数。Ae 为 x_4 的、ASO_2 为 SO_2 的、As 为固废的、ACOD 为 COD 的归一化系数①。

6.2.5 环境

忽视环境资源环境保护，已使人类付出巨大代价。生活环境恶化，需更多资金来治理，复杂的环境问题需要更多的投入与技术研究。所以，环境保护是人们共同的责任。优化和重点开发区在经济建设中需协调经济建设与资源环境的关系，限制和禁止开发区本身承担了生态环境的主要职能，其产生的社会价值与生态价值是普遍的和无价的，在保护生态和环境上付出了更多的努力，而为此付出的经济发展的机会，压缩了其基本公共服务水平提高的资金积累，公共服务能力对人口资源环境的支撑力是可持续发展的前提，其评价指标如表 6－1 所示：

---

① 归一化系数 = 100/A 最大值，A 最大值指某指数归一化处理前的最大值。来源：中华人民共和国环境保护行业标准 HJ/T 192－2006。

表 6－1 基本公共服务与可持续发展耦合度评价指标体系

目标层	系统层（5）	控制层（7）	指标层（32＋22）	属性
基本公共服务与人口资源环境的协调发展度	基本公共服务 Basic Public Service	基本公共服务	BPS 基本公共服务 见表 4－1 中的 32 个指标	
	人口（Population）A1	人口数量和质量	A10 人口自增率 （‰）	负
			A11 人口密度 （人/平方千米）	负
			A12 文盲率 （%）	负
			A13 平均受教育年限 （年）	正
			A14 死亡率 （%）	负
			A15 非农业人口比重 （%）	正
		人民生活	A16 农民人均纯收入 （元）	正
			A17 人均住房建筑面积 （平方米/人）	正
			A18 人均财政收入 （元）	正
			A19 人均社会消费品零售总额 （元）	正
	资源（Resources）A2	资源	A20 耕地面积比重 （%）	正
			A21 人均耕地面积 （亩/人）	正
			A22 人均农林牧渔业产值 （元）	正
			A23 用水普及率 （%）	正
			A24 人均农村用电量 （千瓦小时/人）	正
	生态（Zoology）A3	生态	A30 成灾面积占受灾面积比重 （%）	负
			A31 生态环境质量分级分值 （分）	正
	环境（Environment）A4	环境	A40 每公顷面积上工业废水排放量 （万吨）	负
			A41 工业废水排放达标率 （%）	正
			A42 每公顷面积上工业废气排放量 （万吨）	负
			A43 每公顷面积上工业固体废物产生量 （吨）	负
			A44 工业固体废物综合利用率 （%）	正

6.3 各区域基本公共服务耦合度分析

6.3.1 数据来源

基本公共服务数据与第 4 章空间研究数据来源一致，环境方面的数据来源于 2011 年《甘肃省环境质量公报》，甘肃各市州 2011 年《国民经济与社会发展公报》，各市州《环境质量状况分析报告》以及甘肃省环境检测站、甘肃省环境保护厅等官方网站等相关数据。

6.3.2 耦合度模型

6.3.2.1 数据的标准化处理

对原始数据进行无量纲化处理，指标值越大对系统越有利则用正向指标标准化，指标值越小越有利采用负向指标公式进行标准化处理。标准化公式如下：

$$\text{正向指标：} Z_{ij}=\frac{x_{ij}-\min(x_{1j},\ \cdots,\ x_{mj})}{\max(x_{1j},\ \cdots,\ x_{mj})-\min(x_{1j},\ \cdots,\ x_{mj})} \tag{6-7}$$

$$\text{逆向指标：}=\frac{\max(x_{1j},\ \cdots,\ x_{mj})-x_{ij}}{\max(x_{1j},\ \cdots,\ x_{mj})-\min(x_{1j},\ \cdots,\ x_{mj})} \tag{6-8}$$

6.3.2.2 计算综合水平——主成分分析法

一个研究对象如果是多要素的复杂系统，那么变量太多会增加分析的难度和复杂性，利用变量之间的相关关系，将复杂变量整合后，以较少的新变量代替原来较多的变量，并且新变量保留着原来复杂变量所要反映的信息，这种将复杂的系统整合后确定主要因素的分析方法即主成分分析法，它是把原来多个变量化为少数几个综合指标的一种统计分析方法。从数学角度看，它是一种降维处理方法。采用主成分分析法确定各耦合子系统的综合发展水平[132]，通过主成分分析法计算基本公共服务综合发展指数、可持续发展的人口资源生态环境综合指数。这种方法能克服综合指数法不能客观地确定各指标在综合指标中的权数问题，是一种有效而实用的计算方法，其具体方法如下：

(1) 构建变量矩阵：

有 n 个样本，每个样本有 w 个变量，构成 $n\times w$ 阶的数据矩阵：

$$X=\begin{bmatrix} x_{11} & x_{12} & \cdots & x_{1w} \\ x_{21} & x_{22} & \cdots & x_{2w} \\ x_{31} & x_{32} & \cdots & x_{3w} \\ \cdots & \cdots & \cdots & \cdots \\ x_{n1} & x_{n2} & \cdots & x_{nw} \end{bmatrix} \tag{6-9}$$

将原变量指标 x_1，x_2，…，x_w进行将维处理，降维后的综合变量，即新变量为z_1，z_2，…，$z_m(m<w)$，是原变量指标 x_1，x_2，…，x_w的第 1，第 2，…，第 m 个主成分。

$$\begin{cases} z_1 = l_{11}x_1 + l_{12}x_2 + \cdots + l_{1w}x_w \\ z_2 = l_{21}x_1 + l_{22}x_2 + \cdots + l_{2w}x_w \\ z_3 = l_{31}x_1 + l_{32}x_2 + \cdots + l_{3w}x_w \\ \cdots \quad \cdots \quad \cdots \quad \cdots \\ z_m = l_{m1}x_1 + l_{m2}x_2 + \cdots + l_{mw}x_w \end{cases} \tag{6-10}$$

（2）计算相关系数矩阵：

$$R = \begin{bmatrix} r_{11} & r_{12} & \cdots & r_{1w} \\ r_{21} & r_{22} & \cdots & r_{2w} \\ r_{31} & r_{32} & \cdots & r_{3w} \\ \cdots & \cdots & \cdots & \cdots \\ r_{n1} & r_{n2} & \cdots & r_{nw} \end{bmatrix} \tag{6-11}$$

其中，$r_{ij}(i,\ j=1,\ 2,\ 3,\ \cdots,\ w)$ 是原变量 x_i 与 x_j 的相关系数，公式如下：

$$r_{ij} = \frac{\sum_{k=1}^{n}(x_{ki} - \bar{x}_i)(x_{kj} - \bar{x}_j)}{\sqrt{\sum_{k=1}^{n}(x_{ki} - \bar{x}_i)^2 \sum_{k=1}^{n}(x_{kj} - \bar{x}_j)^2}} \tag{6-12}$$

（3）求特征值与特征向量：$|\lambda - R| = 0$，$\lambda_1 \geqslant \lambda_2 \geqslant \lambda_3 \cdots \geqslant \lambda_w \geqslant 0$；特征值 λ_i 的特征向量 $e_i(i=1,\ 2,\ \cdots,\ w)$，$\sum_{j=1}^{w} e_{ij}^2 = 1$，$e_{ij}$ 是 e_i 的第 j 个分量。

（4）求主成分贡献率以及累计贡献率：

$$\text{贡献率} = \lambda_i / \sum_{k=1}^{w} \lambda_k,\ (i=1,\ 2,\ \cdots,\ w) \tag{6-13}$$

$$\text{累计献率} = \sum_{k=1}^{i} \lambda_k / \sum_{k=1}^{w} \lambda_k,\ (i=1,\ 2,\ \cdots,\ w) \tag{6-14}$$

一般取累计贡献率达到 85% 以上的特征值，λ_1，λ_2，λ_3，$\cdots$，λ_m 所对应的第 1，第 2，$\cdots$，第 $m(m<w)$ 个主成分。

（5）求主成分载荷：

$$l_{ij} = p(z_i,\ x_i) = \sqrt{\lambda_i} e_{ij},\ (i,\ j=1,\ 2,\ \cdots,\ w) \tag{6-15}$$

（6）各主成分得分：

$$Z = \begin{bmatrix} z_{11} & z_{12} & \cdots & z_{1m} \\ z_{21} & z_{22} & \cdots & z_{2m} \\ z_{31} & z_{32} & \cdots & z_{3m} \\ \cdots & \cdots & \cdots & \cdots \\ z_{n1} & z_{n2} & \cdots & z_{nm} \end{bmatrix} \tag{6-16}$$

对甘肃各县区2010年基本公共服务的32个综合指标、可持续发展的人口资源、生态环境的22个综合指标录入相应数据，分别进行主成分计算。采用SPSS17.0统计软件对基本公共服务，人口资源生态环境各项指标数据进行标准化后分别进行主成分分析，提取基本公共服务与人口资源生态环境指数累计贡献率达85%以上的主成分和得分系数矩阵，见表6-2、表6-3所示。

表6-2　　　基本公共服务指数主成分分析结果

主成分	特征值	贡献率	累计贡献率
1	10.740	33.561	33.561
2	5.121	16.003	49.565
3	2.269	7.089	56.654
4	1.517	4.742	61.396
5	1.486	4.645	66.040
6	1.395	4.360	70.401
7	1.206	3.769	74.169
8	0.902	2.817	76.987
9	0.807	2.521	79.508
10	0.779	2.434	81.942
11	0.737	2.305	84.247
12	0.635	1.985	86.232

表6-3　　　人口资源生态环境指数主成分分析结果

主成分	特征值	贡献率	累计贡献率
1	7.398	33.629	33.629
2	3.172	14.418	48.048
3	2.323	10.558	58.605
4	1.954	8.884	67.489
5	1.228	5.581	73.070
6	0.916	4.162	77.232
7	0.753	3.424	80.656
8	0.639	2.905	83.561
9	0.629	2.859	86.420

6.3.2.3　建立评价函数

以主成分方差贡献率作权数，以相应主成分得分作变量，分别构造基本公共服务的综合评价函数 $f(x)$，可持续发展的人口资源生态环境的综合评价函数 $g(x)$，以载荷矩阵（荷载矩阵略）中的对应数据除以主成分相对应的特征值开平方根，得到两个主成分的每个指标所对应的系数，将得到的特征向量与标准化后的数据相乘，得出主成分的表达式，具体如下：

$$f(x)=0.3356z_1+0.1600z_2+0.0709z_3+0.0475z_4+0.0465z_5+0.0436z_6+0.0377z_7+0.0282z_8+0.0252z_9+0.0244z_{10}+0.0231z_{11}+0.0199z_{12} \tag{6-17}$$

$$g(x)=0.3363s_1+0.1442s_2+0.1056s_3+0.0888s_4+0.0558s_5+0.0416s_6+0.0342s_7+0.0291s_8+0.0286s_9 \tag{6-18}$$

式中，$f(x)$ 为基本公共服务发展指数，z_1、z_2、z_3，…，z_{12}是基本公共服务发展的第一、二、三直到第十二个主成分得分值；$g(x)$ 为可持续发展的人口、资源、生态环境要素的综合状况的指数，s_1、s_2、s_3，…，s_9 是其第一、第二、第三直至第九个主成分得分值。Z 和 s 分别由各区域的原始变量的标准化值乘以主成分得分系数所得，即：

$$z_1=0.0677x_1+0.217x_2-0.1399x_3+0.1656x_4+0.0966x_5+0.1456x_6+0.227x_7+0.172x_8+0.2039x_9+0.147x_{10}+0.1148x_{11}+0.1299x_{12}+0.177x_{13}+0.157x_{14}+0.235x_{15}+0.195x_{16}+0.1754x_{17}-0.024x_{18}+0.006x_{19}+0.2513x_{20}+0.2198x_{21}+0.231x_{22}+0.206x_{23}+0.1967x_{24}+0.1595x_{25}+0.194x_{26}+0.156x_{27}+0.2529x_{28}-0.1357x_{29}+0.099x_{30}+0.2104x_{31}+0.2165x_{32} \tag{6-19}$$

… …

… …

… …

$$z_{12}=0.113x_1-0.1537x_2+0.294x_3+0.1267x_4-0.0852x_5-0.240x_6-0.1765x_7-0.1566x_8-0.021x_9-0.094x_{10}-0.1569x_{11}-0.037x_{12}-0.3414x_{13}-0.234x_{14}+0.033x_{15}-0.0301x_{16}+0.523x_{17}-0.026x_{18}-0.099x_{19}+0.157x_{20}-0.1022x_{21}+0.0262x_{22}+0.051x_{23}+0.1429x_{24}+0.0736x_{25}-0.028x_{26}+0.2471x_{27}+0.096x_{28}-0.022x_{29}+0.1712x_{30}-0.058x_{31}+0.2833x_{32} \tag{6-20}$$

$$s_1=0.1435x_1-0.162x_2+0.2468x_3+0.3344x_4+0.2184x_5+0.3319x_6+0.3222x_7+0.209x_8+0.2349x_9+0.1595x_{10}+0.1595x_{11}+0.037x_{12}-0.115x_{13}-0.129x_{14}+0.216x_{15}-0.21x_{16}+0.1301x_{17}-0.2528x_{18}-0.2269x_{19}-0.0883x_{20}+0.1181x_{21}-0.1246x_{22} \tag{6-21}$$

… …

… …

… …

$$s_9=0.4361x_1-0.3017x_2+0.0336x_3+0.1451x_4+0.1577x_5+0.1961\ -0.2417x_7$$

$$-0.126x_8+0.388x_9+0.1785x_{10}-0.1199x_{11}-0.427x_{12}+0.089x_{13}+0.165x_{14}-0.115x_{15}+0.2317x_{16}+0.0523x_{17}+0.2017x_{18}-0.0042x_{19}-0.1502x_{20}+0.082x_{21}+0.0722x_{22} \tag{6-22}$$

6.3.2.4 耦合度测度—协调发展度模型

耦合度，即协调发展度，是用于对同一时期不同区域间，同一区域内部在不同时期的评价对象的耦合状况进行测评的方法。基本公共服务也是可持续发展的基本要素之一，影响其他要素。基本公共服务均等化的过程就是实现可持续发展的过程，不均等的基本公共服务影响人口素质以及人口结构，造成代内与代际间的不公平，对资源生态环境形成压力，制约可持续发展。其中，人口资源生态环境对基本公共服务的建设与发展有约束作用，人口的密度与素质影响基本公共服务的配置，而基本公共服务建设受资源环境承载范围的约束，基本公共服务与可持续发展两者相互作用，彼此构成耦合的交互体。以耦合度来反映基本公共服务与可持续发展的人口、资源生态环境的耦合关系，是一种新的尝试与探索。把基本公共服务与可持续发展作为两个相互耦合的系统，测量两个系统的耦合关系，评价两个系统是否在协调中发展，为区域的可持续发展以及基本公共服务建设提供可靠的分析评价。本书以耦合度模型评价甘肃省经过10年基本公共服务建设后形成的基本公共服务与可持续发展的耦合度，分析2010年各区域基本公共服务水平与可持续发展两大系统的“协调—发展”关系，为下一步的决策提供研究分析评价，基本公式如下：

$$C=\left\{\frac{f(x)\times g(y)}{\left[\frac{f(x)+g(y)}{2}\right]^2}\right\}^k \tag{6-23}$$

$$T=\alpha f(x)+\beta g(y) \tag{6-24}$$

$$D=\sqrt{C\times T} \tag{6-25}$$

式中，C 为协调度，反映基本公共服务与可持续发展的协调程度，即在基本公共服务与可持续发展水平在（$f(x)+g(y)$ 的和）一定的条件下，为使两者之间的复合效益最大（$f(x)$ 乘以 $g(y)$ 的积最大），两者进行组合协调的数量程度。$0\leqslant C\leqslant 1$，值越大越协调。K 为调节系数，$k\geqslant 2$，取 $k=2$。T 为基本公共服务与人口、资源和生态环境发展水平的综合评价指数，$0\leqslant T\leqslant 1$，α、β 为待定权数，由于基本公共服务与可持续发展同等重要，故取 $\alpha=\beta=0.5$。D 为耦合度，即两个系统协调同时发展的程度。

依据主成分分析法建立的方程，计算得出甘肃省各县区的基本公共服务水平值 $f(x_1)$，$f(x_2)$，$f(x_3)$，…，$f(x_{87})$，以及各县区可持续发展综合水平值 $g(x_1)$，

$g(x_2)$，$g(x_3)$，…，$g(x_{87})$，然后采用耦合度模型计算各区域基本公共服务与可持续发展耦合度，如表 6－4 所示：

表 6－4　　　基本公共服务与可持续发展耦合度

	$f(x)$	$g(x)$	D		$f(x)$	$g(x)$	D
城关区	1.088	1.109	1.000	阿克塞县	1.574	0.767	0.954
七里河区	1.141	0.938	1.000	玉门市	0.936	0.610	0.840
西固区	1.097	0.936	1.000	敦煌市	0.998	0.751	0.916
安宁区	1.053	1.037	1.001	西峰区	0.899	0.768	0.907
红古区	1.153	0.803	0.957	庆城县	0.685	0.634	0.811
永登县	0.690	0.534	0.770	环县	0.442	0.435	0.662
皋兰县	0.765	0.561	0.795	华池县	0.745	0.530	0.775
榆中县	0.746	0.684	0.844	合水县	0.668	0.499	0.748
嘉峪关市	1.319	1.050	1.074	正宁县	0.674	0.504	0.752
金川区	1.093	0.829	0.962	宁县	0.631	0.508	0.746
永昌县	0.743	0.660	0.834	镇原县	0.516	0.546	0.728
白银区	1.117	0.758	0.933	安定区	0.705	0.625	0.812
平川区	1.160	0.607	0.848	通渭县	0.414	0.389	0.633
靖远县	0.707	0.532	0.771	陇西县	0.725	0.567	0.792
会宁县	0.585	0.574	0.761	渭源县	0.562	0.468	0.711
景泰县	0.749	0.571	0.798	临洮县	0.641	0.486	0.736
秦州区	0.845	0.569	0.809	漳县	0.608	0.435	0.702
麦积区	0.793	0.510	0.769	岷县	0.472	0.286	0.579
清水县	0.584	0.421	0.690	武都区	0.426	0.275	0.565
秦安县	0.568	0.507	0.731	成县	0.651	0.395	0.680
甘谷县	0.524	0.522	0.723	文县	0.544	0.276	0.572
武山县	0.618	0.498	0.738	宕昌县	0.453	0.255	0.548
张家川县	0.398	0.296	0.577	康县	0.560	0.267	0.562
凉州区	0.770	0.585	0.808	西和县	0.402	0.279	0.564
民勤县	0.708	0.534	0.773	礼县	0.484	0.300	0.592
古浪县	0.464	0.306	0.595	徽县	0.616	0.398	0.679
天祝县	0.779	0.308	0.598	两当县	0.811	0.461	0.737
甘州区	0.928	0.722	0.894	临夏市	0.914	0.781	0.915
肃南县	1.160	0.628	0.862	临夏县	0.468	0.333	0.615
民乐县	0.726	0.597	0.806	康乐县	0.450	0.341	0.617
临泽县	0.945	0.655	0.865	永靖县	0.672	0.519	0.759
高台县	0.943	0.650	0.862	广河县	0.405	0.290	0.573
山丹县	0.850	0.579	0.815	和政县	0.555	0.399	0.672

续表

	$f(x)$	$g(x)$	D		$f(x)$	$g(x)$	D
崆峒区	0.809	0.629	0.835	东乡县	0.402	0.325	0.596
泾川县	0.766	0.623	0.825	积石山县	0.431	0.382	0.635
灵台县	0.767	0.541	0.785	合作市	0.831	0.262	0.539
崇信县	0.818	0.575	0.809	临潭县	0.536	0.132	0.367
华亭县	0.899	0.597	0.830	卓尼县	0.558	0.071	0.225
庄浪县	0.599	0.459	0.715	舟曲县	0.452	-0.096	0.576
静宁县	0.593	0.465	0.716	迭部县	0.580	0.021	0.073
肃州区	0.993	0.714	0.899	玛曲县	0.595	-0.102	0.494
金塔县	0.901	0.681	0.872	碌曲县	0.778	0.041	0.121
瓜州县	0.818	0.573	0.808	夏河县	0.593	0.103	0.298
肃北县	1.415	0.688	0.903				

6.4 各区域耦合类型的空间格局

6.4.1 各区域耦合度类型

根据廖重斌学者对协调发展度类型的区分，基本公共服务与可持续发展的人口、资源以及生态环境协调发展的分类体系与标准类型如表 6-5 所示：

表 6-5 耦合度判别标准与类型

不可接受区间	类型	可接受区间	类型
判别标准	失调衰退	判别标准	协调发展
0~0.09	极度失调衰退类	0.50~0.59	勉强协调发展类
0.10~0.19	严重失调衰退类	0.60~0.69	初级协调发展类
0.20~0.29	中度失调衰退类	0.70~0.79	中级协调发展类
0.30~0.39	轻度失调衰退类	0.80~0.89	良好协调发展类
0.40~0.49	濒临失调衰退类	0.90~1.00	优质协调发展类

依据协调发展度的分类标准将最终的耦合度分值从高到低分为三个区间，在各区间内以 0.09 个单位将耦合度分为从低到高的级别。其中，0.6~1.0 之间为可接受区；0.4~0.59 之间为普通区间，即在失调与协调中波动，有可能上升也

有可能下降，其过渡取决于下一步的建设与措施；0～0.39 之间为不可接受区间，即已经失调。通过耦合度评价，判断不同区域的基本公共服务与可持续发展的耦合程度，进一步分析基本公共服务与可持续发展的协调发展程度，找出基本公共服务发展的限制性因素，从而为可持续发展提供决策依据。将各县区的基本公共服务耦合度得分，结合表 6－5 的耦合度判别类型与标准分析。

6.4.2 各区域耦合类型的空间分布

6.4.2.1 整体空间分布

如表 6－6 所示，从耦合度的空间分布看，甘肃省 2010 年基本公共服务与可持续发展耦合度极不均衡，从北向南依次减弱，河西高于河东。河东地区，陇中和陇东高于陇南与甘南；全省各县区 50% 以上县区耦合度低于平均水平，整体水平依然不高。

河西地区：古浪县和天祝自治县属于勉强耦合类，肃南、肃北、阿克塞、敦煌、嘉峪关市、金川区是基本公共服务的优质耦合区，其他县区处于良好或中级协调发展区，整体水平较好。

河东地区：河东的耦合程度远低于河西区域，其中陇中只有白银区以及兰州市的城关区、七里河区、西固区和安宁区为优质类。平川区以及榆中县、安定区为良好协调类，东乡自治县处于过渡类；陇东只有西峰区属优质类，其他区域属初、中级良好类过渡；陇南整体属勉强协调发展类；甘南只有合作市和舟曲属过渡类，其他县均属失调衰退类，并且碌曲县严重失调，迭部县极度失调。其他区域属失调类，甘南属失调类区域。

表 6－6　甘肃省各区域公共服务与人口、资源、生态环境的耦合程度

协调发展类									
优质协调发展类		良好协调发展类		中级协调发展类		初级协调发展类		勉强协调发展类	
城关区	1	甘州区	0.89	陇西县	0.79	清水县	0.69	礼县	0.59
嘉峪关市	1	肃州区	0.89	皋兰县	0.79	成县	0.68	古浪县	0.59
西固区	0.99	金塔县	0.87	景泰县	0.79	和政县	0.67	东乡族自治县	0.59
七里河区	0.99	肃南裕固族自治县	0.86	灵台县	0.78	徽县	0.67	天祝藏族自治县	0.59
安宁区	0.99	高台县	0.86	靖远县	0.77	环县	0.66	文县	0.57
金川区	0.96	临泽县	0.86	民勤县	0.77	通渭县	0.63	广河县	0.57

续表

协调发展类									
优质协调发展类		良好协调发展类		中级协调发展类		初级协调发展类		勉强协调发展类	
阿克塞哈萨克族自治县	0.95	玉门市	0.84	华池县	0.77	积石山保安族东乡族撒拉族自治县	0.63	舟曲县	0.57
红古区	0.95	榆中县	0.84	会宁县	0.76	临夏县	0.61	张家川回族自治县	0.57
白银区	0.93	平川区	0.84	麦积区	0.76	康乐县	0.61	岷县	0.57
临夏市	0.91	永昌县	0.83	永登县	0.76			康县	0.56
敦煌市	0.91	崆峒区	0.83	正宁县	0.75			西和县	0.56
肃北蒙古族自治县	0.9	泾川县	0.82	永靖县	0.75			武都区	0.56
西峰区	0.9	华亭县	0.82	宁县	0.74			宕昌县	0.54
		庆城县	0.81	合水县	0.74			合作市	0.53
		安定区	0.81	秦安县	0.73				
		山丹县	0.81	临洮县	0.73				
		民乐县	0.8	两当县	0.73				
		凉州区	0.8	武山县	0.73				
		瓜州县	0.8	甘谷县	0.72				
		秦州区	0.8	镇原县	0.72				
		崇信县	0.8	渭源县	0.71				
				庄浪县	0.71				
				静宁县	0.71				
				漳县	0.7				
失调衰退类									
濒临失调衰退类		轻度失调衰退类		中度失调衰退类		严重失调衰退类		极度失调衰退类	
玛曲县	0.49	临潭县	0.36	夏河县	0.29	碌曲县	0.12	迭部县	0.07
				卓尼县	0.22				

6.4.2.2 从功能区框架分析

重点开发区框架下各县区的基本公共服务与可持续发展的耦合度都在可接受区间，且在中级以上；而限制和禁止开发区的耦合度不高，处于失衡状态，且有9%的县区基本公共服务已经失调衰退，所有失调衰退类型集中在限制开发区；重点开发区框架内，各县区耦合度都高于全省的平均水平。而限制和禁止开发区只有26个县区高于全省平均水平，有63%的区域耦合度低于全省平均水平，限制和禁止开发区不均等化严重，大部分区域基本公共服务不能满足可持续发展需求。

6.4.2.3　原因分析

（1）河西较高的协调发展度格局与经济发展，其基本公共服务以及人文发展等空间分布上的北高南低格局有共性。原因在于：早期的投入以及产业经济的发展提高了投入能力。2000～2010 年间其公共服务的整体水平一直相对较好，基于其重要的地理历史文化资源，国家和学者们对该区域的资源、环境生态重视的程度和力度上具有持续性。该区域广而人口密度不大，各指标的人均值相对较高。综上三方面的因素，使其基本公共服务与可持续发展耦合度高于其他区域。需要注意的是，河西走廊地带是功能区划最复杂的区域，一半属重点开发，一半属于禁止开发区，分界强，更要推进均等化，避免两极分化。

（2）河东地区：①陇中、陇南整体处于初级和中级的协调发展，原因在于陇中虽然有较高的工业化和城镇化水平，以及相对较好的基本公共服务水平，但基于此吸引人口的大量流动，成为人口密度最大的区域，随之资源生态环境的压力大。一方面人口密度大，对基本公共服务的需求增加，另一方面基本公共服务的供不应求导致人口密度对资源生态形成压力，如城关区 2010 年人口密度达 4245.91 人/平方千米。②陇东地区经过不断地调整与发展、保护与治理，加大对人力资本的投入，使该区域协调发展度在可接受区间逐渐好转。且重点开发区的一半区域集中在陇中与陇东，对促进产业发展，提高基本公共服务水平带来新的机遇。③陇南和甘南区域的耦合度整体较低，原因在于：一方面这些区域经济不发达，基本公共服务的投入能力有限。复杂而脆弱的生态系统正在恢复建设中，承载力有限。且一些自然因素带来的灾难，如地震、泥石流等自然灾害，其成灾面积占受灾面积比重最高，使其协调发展的过程更加困难；另一方面这一区域是功能区划中限制和禁止开发区的主要区域，承担了主要的生态职能。基本公共服务与可持续发展所需的资金与精力投入力量超出了其能力范围，只能寄希望于上级政府的关注以及转移支付资金、各项政策的支持。从该区域失调程度看，实现该区域内部以及与其他区域间的耦合，需加大下一步对各功能区划的政策调整，合理化转移支付的力度。

6.5　子系统“协调—发展”关系研究

6.5.1　子系统“协调—发展”类型

空间分布从整体上表示了各县区的基本公共服务与可持续发展两大子系统的

耦合度，但是对于系统中的各子系统对整体的影响不能充分体现。系统的协调与耦合不同，协调是静态的，不一定发展。而耦合是动态的，在协调中发展。

依据系统相互作用的良性耦合程度对耦合度耦合分类：各基本公共服务子系统综合水平有三种状态优良（A）、中（B）、差（C），可持续发展子系统综合水平三种状态协调（a）、维持（b）、失调（c）。系统之间的耦合关系有9种状态，子系统一个在A一个在b也可以称之为耦合，理想的状态是两个子系统同时协调发展，即Aa或Ab或Ba，具体如表6－7所示：

表6－7　各子系统的耦合关系

系统2 \ 系统1	协调a	维持b	失调c
优良A	Aa	Ab	Ac
中B	Ba	Bb	Bc
差C	Ca	Cb	Cc

6.5.2　“协调—发展”的二维分析

为更直观表示可持续发展各子系统与基本公共服务水平整体发展度之间的耦合关系，本书构建了基本公共服务与可持续发展两个子系统耦合的二维综合评价矩阵。以基本公共服务的综合水平值$f(x)$为纵坐标，可持续发展的人口资源生态环境综合水平$g(y)$为横坐标，建立二维坐标。分别以87个县区的$f(x)$的中值和$g(y)$的中值为坐标分界线，将基本公共服务耦合类型归纳为高发展与低发展两种状态，可持续发展的人口资源协调状态分为高协调与低协调，则理想的状态为Aa。坐标分为四个象限：第一象限表示基本公共服务水平与人口资源生态环境耦合“高发展、高协调”的双高区域。第二象限表示基本公共服务水平“高发展”，但人口资源生态环境“低协调”的区域。第三象限表示两个系统双低的区域。第四象限说明人口资源生态环境“高协调”，基本公共服务“低发展”的区域。全省基本公共服务综合水平的中值为0.7075，可持续发展的中值为0.5296。则以0.7075为纵坐标原点，以0.5296为横坐标原点，用Matlab将各县区可持续发展的人口资源生态环境协调与基本公共服务发展的“协调—发展”的二维关系表现如图6－1所示：

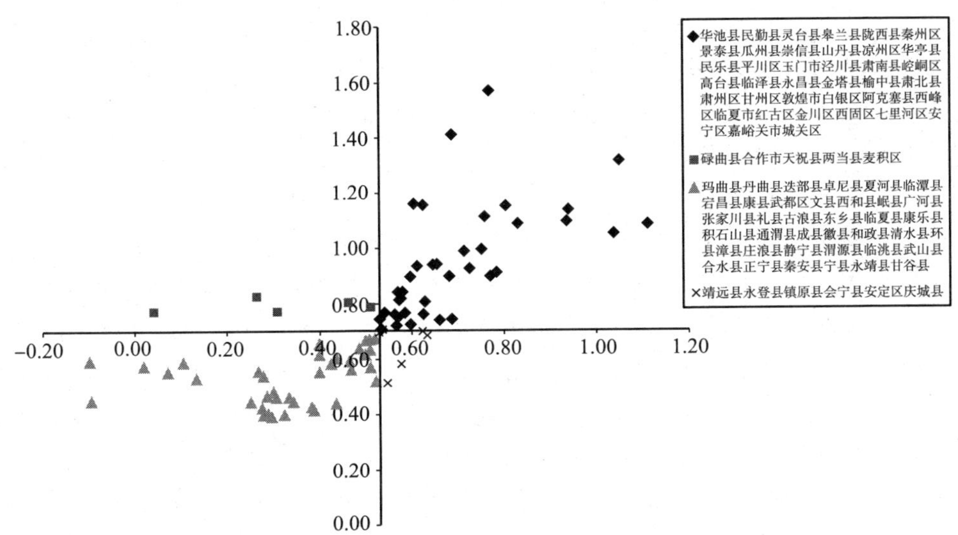

图 6－1　可持续发展与基本公共服务“协调—发展”的二维综合评价矩阵

分析与讨论

（1）全省整体的分析与原因：

从图 6－1 看出，甘肃省 87 个县区的可持续发展与基本公共服务呈现“高发展高协调、低发展低协调”的“高—高、低—低”格局，两极分化严重。具体分析，43.7% 的县区集中在第一象限，即“高发展、高协调”。5.7% 的县区集中在第二象限，“高发展、低协调”。43.7% 的县区集中在第三象限，“低发展、低协调”。6.9% 的县区集中在第四象限，“低发展、高协调”，子系统“协调—发展”区域的比例不高，影响了整体的耦合度。

原因在于：高发展高协调的区域，大都在市区（城关区、白银区、临夏市、崆峒区等），工业化和城镇化水平较高的县区（金川区），旅游经济发达的县区（敦煌市）。这些区域在较高的城市化水平下，重视基本公共服务的投入与建设，且工业化、旅游经济的发展提高了经济水平，有投入能力。对本区域产业发展提供基本的公共服务环境、吸引生产要素流入，实现了可持续发展与基本公共服务水平提高的良性循环。全省两极分化严重原因在于，长期注重经济建设而忽视基本公共服务建设，忽视区域间的均衡发展，且没有意识到基本公共服务在实现可持续发展中的关键作用，造成基本公共服务水平低发展、可持续发展低协调区域占大多数。基本公共服务与人口资源生态环境之间没有实现基本的协调发展，影响了整体的耦合。

（2）从主体功能区框架分析与原因：

基本公共服务发展与可持续发展子系统协调的区域差距明显，重点开发区内呈现“高—高”格局，表现在94.1%的县区集中在高发展高协调的第一象限，5.8%的县区集中在高发展低协调的第二象限；其原因在于重点开发区有相对较高的经济发展水平，且主体功能区划后对产业的鼓励，进一步提高了收入水平，为吸引投资以及产业进驻，积极投入基本公共服务建设，协调人口资源以及生态环境的关系。

限制和禁止开发区框架内呈现“低—低”格局，表现在31.4%的县区在高发展高协调的第一象限，5.7%的县区在高发展低协调的第二象限，54.3%的县区集中在低发展低协调的第三象限，6.9%的县区在低发展高协调的第四象限。区域内部差异也很大，仅三分之一区域的子系统处于“协调—发展”。其原因在于，该类型区的经济水平不高，主体功能区划中以承担农业和生态职能为主，有限的收入使基本公共服务建设缺少有效投入。其次农业产值低以及生态环境相对复杂，基本公共服务水平低下，带来该区域资源生态环境的压力，因此，低发展低协调区域占多数。

本章小结

可持续发展是主体功能分区的动力机制，也是主体功能区的目的。基本公共服务是实现各主体功能区可持续发展的目标、也是内容，影响和决定可持续发展的水平。经过10年建设，各县区的基本公共服务得到不同程度的改善。

（1）耦合度分析：从基本公共服务与可持续发展的耦合关系的研究，评价了各区域可持续发展的实现程度。通过对2010年各县区耦合度分析得出，空间上各区域耦合类型严重不均衡，南北差距过大，北部基本上维持耦合，而南部失调衰退，并且有些区域严重与极度失调。从功能区划看，重点功能区中基本都呈现耦合状态。而失调衰退类型集中在限制开发区，说明实现功能区的可持续发展，要更加关注和重视对限制和禁止开发区的公共服务投入、效率以及政策保障。对公共服务与各类型区可持续发展的各要素之间具体的相互关系以及影响，在后章节进一步分析。

（2）耦合系统的子系统“协调—发展”分析：建立基本公共服务与可持续发展的人口资源生态环境两大子系统的二维关系矩阵，对各县区在矩阵中的发展与协调关系分析得出，整体上各县区发展与协调出现“高—高、低—低”的空间格局，两极分化严重，说明基本公共服务建设力度以及可持续发展各要素的协调程度尚且不足。从主体功能区框架看，重点开发区的各县区基本上都是高发展高协调，原因在于投入能力以及重视程度较高。而限制和禁止开发区以低发展低协调占多数，说明限制和禁止开发区基本公共服务水平很低，可持续发展各要素关系的协调程度不高，源于较低的经济水平和复杂的生态环境，以及基本公共服务的影响。因此，要实现可持续发展，既要协调各要素的关系，也要推进基本公共服务均等化水平。大力提高基本公共服务建设水平既提高人民生活质量，也减轻资源生态环境的压力，促进区域内部以及区域间的均衡，实现可持续发展。

第7章

均等化水平与主体功能区发展各要素

7.1 均等化水平与人口

7.1.1 人口流动动因理论

人口的流动与迁徙会影响迁出地基本公共服务配置的规模与效率，也带来以迁入地为基础的一系列与公共服务有关的问题，所以人口流动对基本公共服务供需影响更大。现代社会，人力资源是社会发展不可获取的资源禀赋，其流动对经济发展、资源环境承载力以及要素组合配置、经济社会建设都有关键性影响。掌握人口流动的信息，研究其动因，对基本公共服务在各功能区中与人口、资源与环境协调，实现可持续发展有重要意义。广义的人口流动指人口跨越某区域界线到另一区域的空间移动，依流动方式可分为"人口流动"和"人口迁徙"两种。前者是人口在短期离开后又返回，与原地有联系、短期、往复，不导致当事人常住地改变的人口移动，是一种"候鸟式流动"；后者是在永久变更居住地意向下，居住位置发生跨越某一区域界线的空间移动[133]，无论其户籍是否发生变化而购买或租住迁入地的房屋长期居住，与原地基本没有联系，是一种"迁徙式流动"，即随着流动次数的增加逐步沉淀在目前工作的城市[134]，是从"流动合一"到"流而不动"转变，人口流动对基本公共服务的配置、供给能力与建设水平产生很大影响。

关于人口流动驱动因素研究，有三种观点：（1）刘易斯模型：刘易斯模型鼓励人口流动，从而实现一元经济。20 世纪 50 年代经济学家刘易斯认为，人口流动的决定因素是城乡收入差距，促进发展中国家传统部门人口向现代部门流动，直至被吸收完，以此将农村人口转化为城市人口，两元经济变为一元经济[135]。

这一理论为加快城镇化建设提供了理论依据，但我国实际情况中，建筑、服务业等其他岗位吸纳了农村劳动力[136]而替换出的本地劳动力从事了工业部门，现代部门没有充分吸纳农村劳动力，虽加快了工业化进程，但在国家经济发展需农业与工业共同发展，不可能一蹴而就变为一元经济，其理论不足以解释指导当代我国劳动力转移现状及动因。（2）托达罗模型：托达罗模型限制人口流动，以消除城市失业率。20 世纪 60 年代迈克尔 · P · 托达罗认为，人口迁移的动因在于预期收益差距与成本之间的理性经济考虑。城乡期望收入的差异诱发人口流动，城市失业率增加，期望值下降，而农业产出增加，收入上升，最终使城乡人口流动的诱因消失，人口停止流动，达到经济的均衡[137]，这一理论目的在于限制人口流动解决失业问题。缺陷在于：第一，流动率随就业概率的变化而变化，导致流动的盲目性。第二。只考虑流动者的流动成本，忽略了在城市里的生活成本。因此。学者肖文韬[138]等在修正托达罗模型时提出，农业劳动者流动到城市之后的生存成本应作为移民决策的重要因素。第三，过度强调城市发展而忽视农村，在实际人口流动中，农业产出并没有增加到可以限制人口流动的期望值，且城市化过程中出现大量失地农民，农村失业率增加，其模型也不能解决我国两元经济下及工业化城市化过程中人口流动的问题。（3）蒂布特模型：蒂布特认为通过人口合理流动，刺激地方改善公共服务水平。他认为人们之所以愿意集聚在某地，是由于他们在各辖区间就地方政府所提供的公共服务与收税收间寻找一种精确组合，使自己的效用达到最大化。最大化时会在这一区域定居和工作，否则离开，即“以足投票”。蒂布特的“以足投票”理论对当代人口流动的动因的解释更为实际。这种迁移是追求基本公共服务均等化所致，一地的基本公共服务水平成为人们转移的主要原因，人们以迁移（用脚投票）显示对这些公共品的偏好[139]。这种公共选择中的“退出”机制刺激地方间加强基本公共服务建设的竞争，一方面为吸引更多的人才，另一方面避免本区域有税收创造能力的居民流失，不同政府之间展开相互竞争，改善基本公共服务供给效率和质量，最终使居民享受到大致均等的公共品利益。按照蒂布特理论，人口流动动因是对基本公共服务水平的选择，通常情况下哪个地方有效提供符合人们消费偏好的基本公众服务，则有较多的人口流入，否则人口流出。其缺陷在于忽视了迁徙的成本和户籍的限制，但现代社会人口流动很多情况下，即使成本大也会向基本公共服务较好的地方转移，蒂布特理论合理地解释这一现象。

7.1.2　我国人口流动的格局与趋势

目前，关于我国人口流动格局的相关研究较丰富，陈金永[140]、朱传耿[141]

发现我国人口流动空间上从中西部向东部、从不发达向发达区域、从内陆向沿海，人口迁移成为改革开放以来重要的社会现象之一。王国霞[142]证实人口流向地级及以上城市占主要地位，向县级市的流动中，其规模呈现中东部大于西部和中部。省会城市为省内的第一流入地，珠三角和长三角地区城市群都是迁移人口的高度集聚地。鲍常勇[143]通过实证分析得出，近90%人口流向特大、超大城市，而低于3%流向中小城市。近80%选择东部沿海经济发达地区的城市，而流向中西部城市的是10%左右。段成荣[144]对人口流动的结构分析发现，改革开放以来我国流动人口变化趋势出现人口普遍化、时间长期化、流入沿海集中化、年龄成年化、性别均衡化、方式家庭化和学业“知识化”。蔡建明[145]认为，流动方式以社会关系网络链式迁移为主导。唐家龙[146]研究发现，人口流动具有很强的年龄和教育选择性，也改变了迁出地收入和土地分配，区域间资本分布和社会分层，最终形成负选择性。

人口流动的驱动因素相关研究中，荣弦[147]认为，净收益大小是人口流动的主要推动因素。江小涓[148]通过实证分析发现净收益并不是最终原因，高流入区并非与高收入呈主相关。权利意识的提高成为新时代人口流动的内在原因之一，在劳动和资本的博弈中，对权利及公平的追求逐渐成为新趋势，欧阳俊[149]研究发现农民工选择用脚投票，对侵犯权利及不平等待遇选择离开，从而造成“用工荒”。实际上，现代社会影响人口流动不是单纯的经济因素。吕晨[150]通过研究证实，产业结构和交通与人口格局呈显著相关。现阶段，经济发展、文化水平提高带来人们生活方式和价值观念巨大变化，以及人民对生活质量的追求，带来新的驱动因素，也是本书研究与以往人口流动驱动因素研究的不同。通过甘肃省各县区10年人口流动的空间趋势与公共服务关系研究，分析当代人口流动的驱动因素，提出人口流动应当有序合理，加强人口流出区域公共服务建设，合理配置人口流入区的公共服务资源，实现公共服务均等化，使不同区域的人们享受基本公共服务的机会与结果的大体均等。

7.1.3 甘肃各区域人口流动的趋势与空间分布

通常，人口的分布与经济水平、地理条件、交通位置、社会历史等条件息息相关。甘肃省以黄河界限的人口分布特点为：河西走廊地势平坦，光热良好，被称为“戈壁绿洲”人口集聚于此。河西走廊以南属高海拔、冰川植被区域，以北沙漠荒原，人烟稀少；河东地区的陇东、陇中地区有土地垦殖率较高的黄土高原，农业历史久，人口较多。陇南地区山高谷深，植被覆盖率高，山地和丘陵相衬，其人口主要集中于徽成盆地、白龙江、西汉水等河谷地区。甘南地区属青藏高原的一部分，山地高原相间，气候冷、地势高，以牧为主，人口密度低。2000 年甘肃省人口净流出 41 万人，到 2010 年净流出达 159 万人，10 年间人口净流出增加 2.9 倍，对经济发展、基本公共服务建设产生很大影响。

7.1.3.1　各区域人口流动的强度

人口流动强度，即活跃度，用以测定区域人口流动的规模与频次，辨识人口流动活跃区，一般以总流动率表示，公式如下：

$$z_i = \frac{c_i + g_i}{p_i} * 100\% \tag{7-1}$$

式中，z_i 为总流动率，即流动强度，c_i 为流入人口，g_i 为流出人口，p_i 为总人口。以全国第五次和第六次人口普查中甘肃省全部的 87 个县区 2000 年和 2010 年人口流动相关数据，计算甘肃人口流动强度值，高值与低值之间以 5 个百分点划分距离，流动强度从高到低依次分为 5 个等级，空间分布如图 7－1、图 7－2 所示：

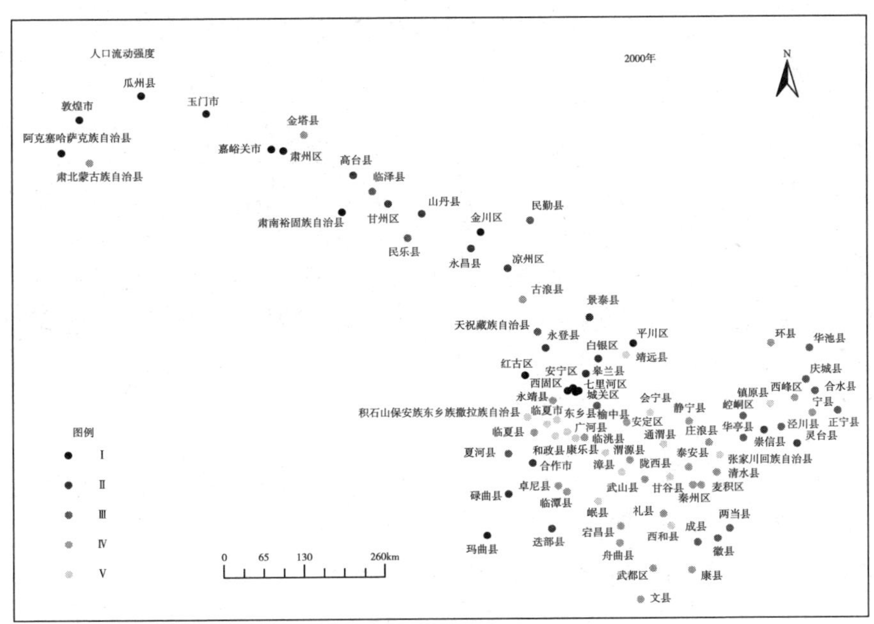

图 7－1　2000 年甘肃人口流动强度的空间分布

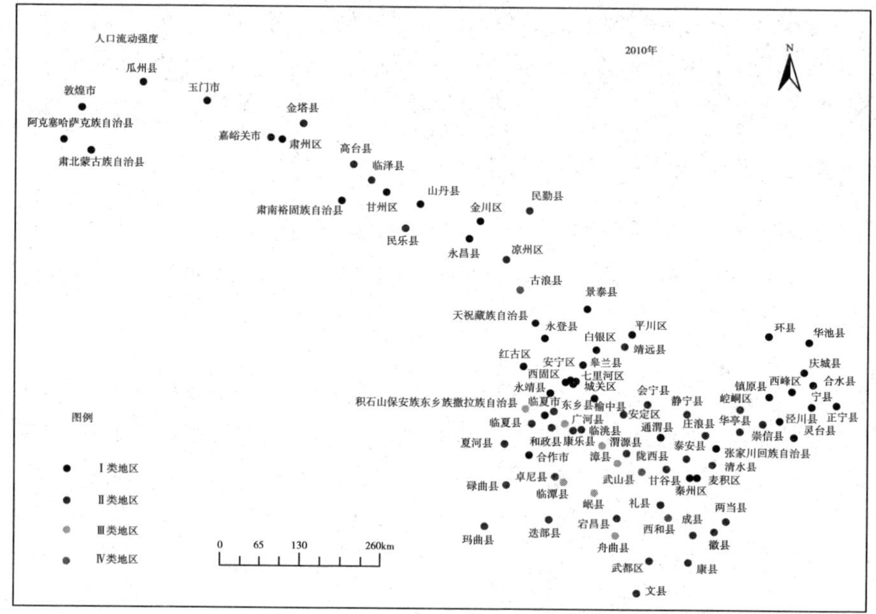

图 7－2　2010 年甘肃人口流动强度的空间分布

分析与讨论：

（1）全省总体的分析，从图 7－1 和图 7－2 看，2000 年人口流动层次较大，但大强度区域不多，集中于河西地区，从西北向东南递减。中部的工业区及城市的市区强度较大，陇东陇南甘南只有城区流动强度略高；2010 年流动强度大幅提高，整体流动性高，不仅区域链式移动且强强成片移动，高强度移动从河西延伸到中部，陇东也成为高流动强度区，全省流动强度都大于 5%，且流动率在 20% 以上；2000 年流动率大于 20% 的地区，其人口占总人口的 12%。而 2010 年流动率大于 20% 的地区，其人口占总人口的 72%，10 年间流动的数量发生绝对性变化。

（2）以主体功能区框架分析：10 年间流动强度呈现大幅增长，2000 年重点开发区框架内人口流动强度属于第一、第二类区，即高强度区域比例较大，第三、第四类较少，第五类没有。限制和禁止开发区人口流动强度大的区域集中在西北部，东南部的流动类型在第三类以下，流动强度不大；2010 年重点开发区框架内的人口流动强度全部达到第一类区，属高强度的人口流动。限制和禁止开发区框架内的人口流动也出现增长的局面，表现在第四类区极少，第五类区消失，整体的流动强度增大。

因为人口的流动中有流入也有流出，流入是由于经济水平以及基本公共服务高水平等因素的吸引，流出有政策性引导也有经济和基本公共服务水平供需不均衡所致，需进一步对各功能区人口的流动流动性质进行界定。

7.1.3.2　各区域人口流动的性质

人口流动的性质，即区域人口流动的方向属于净流入还是净流出，流入流出区域的级别，一般以净流动率表示，公式如下：

$$q_i = \frac{c_i - g_i}{p_i} * 100\% \tag{7-2}$$

式中，q_i 为总流动率，c_i 为流入人口，g_i 为年流出人口，p_i 为总人口。结合全国第五次和第六次人口普查中甘肃省各县区 2000 年和 2010 年人口流动相关数据计算，得出甘肃各县区的人口净流入流出额，从高值到低值之间以 5 个百分点差距划分，分为 3 个等级，空间分布如表 7 - 1 所示。

表 7 - 1　甘肃省人口流动性质的分布

流动性质	净流入区（24 个）			净流出区（63 个）		
比例 / 年份	大于 10%	5% ~10%	小于 5%	小于 5%	5% ~10%	大于 10%
2000	城关区、七里河	安宁区、西固区、金川区	嘉峪关市、敦煌市、肃州区、安西、红古区、甘州区、白银区、平川区、崇信、玛曲、高台、庆阳县、合作市、夏河、肃南、肃北、阿克塞、临夏市、碌曲	两当、西和、临泽、成县、景泰、靖远、华池、广河、徽县、金塔、西峰区、漳县、东乡、民勤、武都、永靖、舟曲、卓尼、康乐、迭部、玉门市、和政、天祝、山丹、渭源、临潭、康县、会宁、积石山、华亭、民乐、张家川、文县、榆中、镇原、合水、皋兰、岷县、环县、宕昌、永昌、临洮、崆峒区、陇西、定西、临夏	武山、清水、秦州区、礼县、庄浪、灵台、通渭、甘谷、麦积区、正宁、永登、古浪、泾川、静宁、宁县、秦安	凉州区

续表

流动性质	净流入区（20 个）			净流出区（67 个）		
比例 年份	大于 10%	5% ~10%	小于 5%	小于 5%	5% ~10%	大于 10%
2010	城关区	七里河	安宁区、敦煌市、临夏市、西固区、金川区、嘉峪关市、肃州区、瓜州、白银区、西峰区、玉门市、崇信、玛曲县肃北、华亭、阿克塞、碌曲、榆中	夏河、合作市、金塔、肃南、两当、红古区、卓尼、舟曲、迭部、甘州区、华池、凉州区、漳县、平川区、临泽、景泰、高台、广河、康县、古浪、临潭、徽县、成县、积石山、和政、永昌、武都区、文县、永靖、崆峒区、民乐、渭源、西和、靖远、合水、庆城、康乐、岷县、武山、民勤县、东乡、安定区、临洮、宕昌、天祝、山丹、秦州区、会宁、环县、灵台、皋兰、正宁、清水、陇西、静宁、临夏、庄浪、麦积区、张家川、泾川、甘谷、礼县	通渭县、镇原县、永登县、秦安县、宁县	

分析与讨论

（1）全省总体人口流动性质：从表 7 - 1 看，2000 年人口流动性质，流出多于流入。河西大部分区域以及河东的兰州各区和金昌为流入区，陇东陇南为重要的流出区，甘南表现为低流入区。原因在于，兰州各区的基本公共服务水平高于其他地区，金昌与河西的工业发展具有吸引力，陇南陇东以农业畜牧业为主，产业贡献率低于工业，对基本公共服务的投入能力有限；2010 年人口流动性质发生巨大变化，流出区从陇东南向甘南、河西延伸，流向层次增大，兰州各区域的流入范围增大。

（2）人口流动质量的分析：2000 年净流入区的总流入人口中，来自本县市的人口占 48.9%，来自本省其他县市的占 35%，来自外省的占 16.2%。净流入占总流入的 24%，说明人们还是向就近的区域移动。净流出人口占总流出的 40%，说明大部分还处于流动合一的“候鸟式”流动；2010 年净流入区域总流入人口中，来自本县市的人口占 33.3%，来自本省其他县市的占 48.2%，来自外省的占 18.3%，净流入占总流入的 24%，说明就近原则依然占主要地位，流入人口还是处于流动合一。净流出人口占总流出的 50.1%，说明流出人口逐渐从候鸟式流动变为迁徙，流而不动。整体而言，10 年间人口流动的质量也发生了绝对性变化。

（3）以主体功能区框架分析：2000 年，重点开发区框架内的兰州市各区、白银区、金川、嘉峪关、肃州区属于人口流入区，这些区域的工业化或者城镇化度较高。但中部的重点开发区，如凉州区，却是人口流出密度最大的区域，净流出大于 10%。东南部的重点开发区，如秦州区和麦积区，其人口流出密度也较大。这个时期尚未提出和形成功能区概念，经济水平和现代化不高，对基本公共服务没有足够的投入；限制和禁止开发区框架内：河西以及甘南的玛曲、碌曲属于人口净流入区，而人口净流出幅度较大的区域是古浪县、永登县，尤其是天水五县、平凉的静宁、庄浪，庆阳的宁县、正宁县。

2010 年人口流动的性质在空间上表现为比较规则，规律性明显。各区域人口净流出小于 10%，中度流出区域集中在永登、秦安、镇原、宁县。重点开发区框架内的甘州区、凉州区、秦州区、麦积区、崆峒区有低于 5% 的净流出，说明其公共服务水平还有待进一步提高；人口流入上，重点开发区的城关区依然是高于 10% 净流入，基本公共服务压力大；限制和禁止开发区中肃北、瓜州、阿克塞、肃南县以及敦煌市与玉门市、甘南的玛曲、碌曲这些区域属于人口净流入，主要在于旅游业推动和刺激了基本公共服务的建设，吸引人口流入。

7.1.3.3　各区域人口比重变化

一个地区的人口通常会受到自然环境的演变、社会经济发展和政策的影响。尤其是主体功能区划后，自发的人口流动以及政策移民使各区域的人口比重发生很大变化。人口流动在区域内部以及区域之间在不同时段发生变化，不仅表现在区域平均人口密度的增减，更重要的是人口密度的消长在空间上的分异[151]，即各区域之间人口比重发生差异。人口密度虽然可以反映人口分布的空间疏密差异，但用以比较不同时段人口增量的空间差异却不够直观，而人口比重为相对量，是子区域人口占全区域的人口相对变化，从动态上反映各个区域在不同时段上，人口分布的变异，其公式如下：

$$w_{it} = \frac{p_{it}}{p_t},\ (i = 1,\ 2,\ \cdots,\ n;\ t = 1,\ 2,\ \cdots,\ m) \qquad (7-3)$$

式（7－3）中，w_{it}为 t 时刻第 i 个区域的人口占区域总人口的比重，p_{it}为 t 时刻第 i 区域人口数量，p_t为 t 时刻全区域的人口数量。计算出 2000～2010 年甘肃各区域人口比重，用 Matlab7.0 绘制三维图像，直观表现人口比重时空变化的动态特点。图 7－3 中，x 轴为甘肃省各县区人口比重变动的空间过程，y 轴为 2000～2010 年间的时间序列，表现人口比重随着时间推移的变化，z 轴为甘肃各县区10年间的人口比重，则各县区10年间人口比重图如图7－3所示：

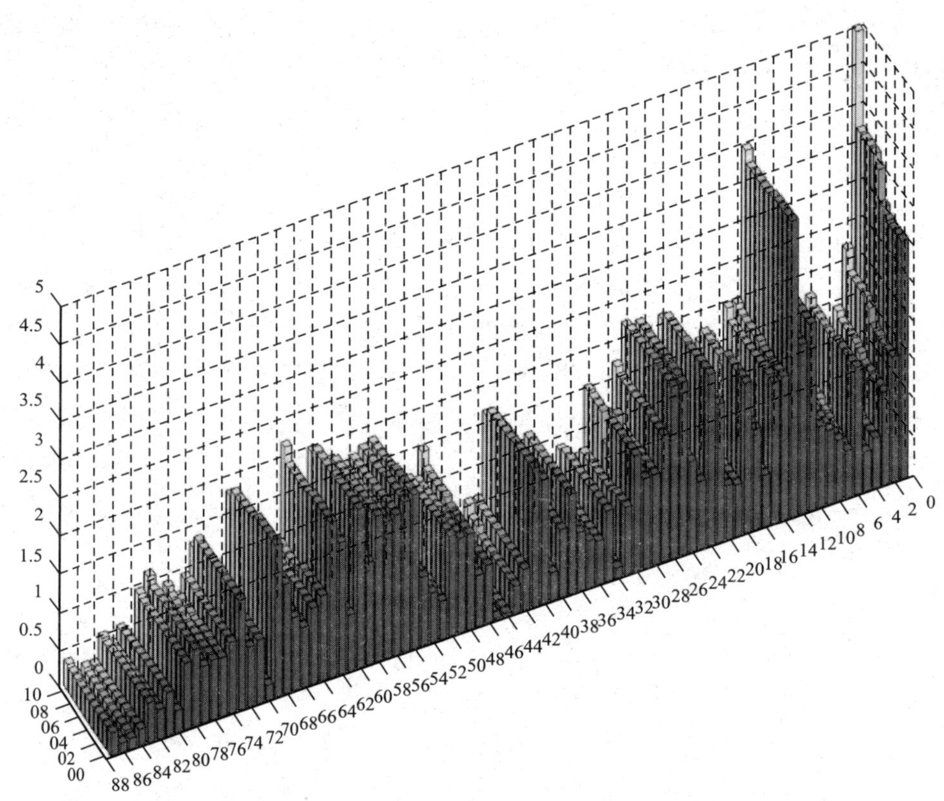

图7－3　2000～2010年甘肃各区域人口比重空间变化过程

分析：通过图7－3对比分析2000～2010年间各区域人口比重表现在：重点开发区平均人口比重为1.60%，限制和禁止开发区的平均人口比重为1.04%。重点开发区框架内：各县区基本上都是市区以及工业化、城市化水平高的区域，人口比重较高，随着功能区划后产业发展的优势，良好的基本公共服务条件，吸引更多的人口，人口比重增加。一些并不发达的区域被确立为重点开发区后，人口比重从较低的幅度逐渐增加，人口比重波动大，如白银区，整体呈现出逐年增长的趋势，部分区域的人口比重高出平均水平一倍，原因在于现代工业的集中和城市规模的扩大吸引人口集中。

限制和禁止开发区框架内：各县区的人口比重变化幅度不大，有先升后降的，也有先降后升的，大部分人口比重上升的区域并不是逐年增加，而是在2009～2010年间突然增加，这与人口流动的原因相关。2009～2010年大范围的教育与医疗投资于改革，使一些经济水平落后区域的基本公共服务能力提高，以及鼓励回乡创业等政策吸引人口的回流。一些区域的人口比重逐年下降，原因在于农业产出低、经济水平落后、功能区划后考虑到人口与资源的协调的生态移民，以及基本公共服务能力薄弱难以维持正常需求，从而引起的人口净迁出，人口比重下降。有些区域人口比重呈现中间低两头高，是由于自然灾害，如 2008 年舟曲地震，后期人口逐渐恢复中，人口比重出现轻微的回升。

7.1.4　甘肃省的人口集聚度分析

为进一步分析人口流动带来的区域差距以及基本公共服务与人口流动的关系，将甘肃省 2000 年和 2010 年人口累计百分比与土地面积百分比计算，以洛伦兹轨迹直观显示人口流动带来的空间面积上人口集聚程度变化，如图 7－4 所示：

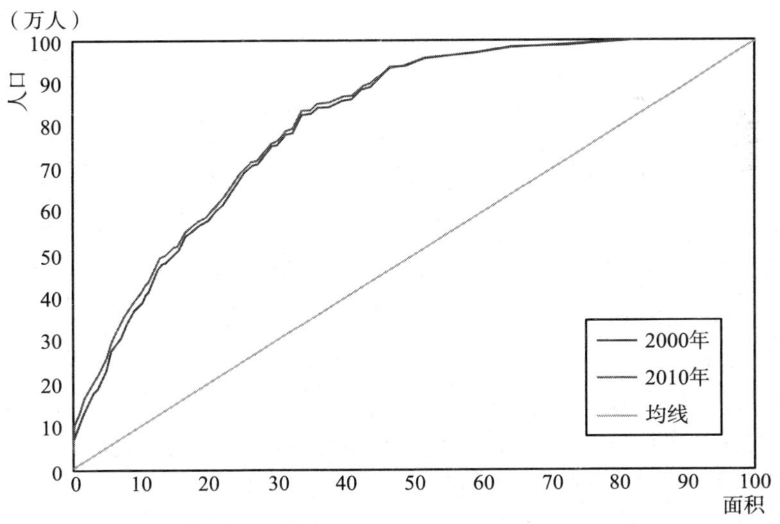

图 7－4　2000 年与 2010 年人口空间分布洛伦兹图

分析：从图 7－4 看，甘肃省人口分布存在很大的空间差异，2010 年比 2000 年的人口洛伦兹曲线更偏离均衡线，说明 10 年人口的空间分布集聚化程度逐渐上升，即人口流动带来人口的集聚化程度提高。2000 年甘肃各县区基本公共服务均等化程度不高，远离均衡线，人口向发达区域集聚；2010 年整体基本公共服务水平都得到相应提高，均等化程度提高，但幅度不大，而人口的集聚度并未减弱，说明基本公共服务的均等化程度尚未达到需求均衡，人口的集聚水平使流入区和流出区的基本公共服务配置遇到公平与效率的选择问题。说明 10 年前人口流动是追求相对高的收入水平，随着经济发展以及人们文化素质、权利意识提高，对生活质量的追求逐渐凸显，因此10年后对良好的基本公共服务的追求是人口流动的主要驱动因素之一，为进一步证实，后面做相关性分析具体分析验证。

7.2 均等化水平与人文发展

7.2.1 人文发展指数

人文发展指数（HDI，Human Development Index），由经济学家赫布卜·乌·哈格和阿马蒂亚·库马尔·森于1990年提出用以衡量联合国各成员国经济社会发展水平的综合性指标。由联合国开发计划署在《1990年人文发展报告》中采用，并正式提出，即由健康、教育和收入三个维度组成，用来衡量人类发展状况[152]的综合指数。自1990年至今，联合国开发计划署每年发布一份《人类发展报告》。联合国秘书长潘基文说，“《人类发展报告》改变了我们观察世界的方式，我们知道经济发展非常重要，但最重要的应是让国民收入能够给全体国民带来更长的寿命、更健康更加丰富多彩的生活”①。人文发展指数改变了传统的以人均国民生产总值衡量一国或地区发展水平的评价方式的局限性和单一性，其取值在0~1之间，值越大，说明这个国家经济社会发展程度越高，生活质量越高。以人文发展指数分值范围分类，将各成员国分为三种：（1）已开发（高度开发）国家，即发达国家（Developed Country），其经济发展水平较高，技术较为先进，生活水平较高，又是工业化、经济开发度高的国家，具有较高的人均国民生产总值；（2）开发中（中度开发）国家，即发展中国家（Developing country），其经济、社会方面的发展程度较低，是开发中的国家与欠发达国家，与发达国家相对；（3）低度开发国家（Least developed country），其社会、经济发展水平、文化等诸多方面与世界平均水平仍存在较大差距，其本国资源的开发程度较低，多以初加工为主，工业落后，人文发展指数很低。国际上以人文发展衡量区域乃至各国的发展水平，从而在国际关系中，制定相应的财政贸易政策。实际上，人文发展指数评价指标也是基本公共服务的一部分，人文发展程度反映区域的基本公共服务水平。对各类型区的人文发展进行研究评价，是从国际标准角度对各功能

① 源于联合国网站，http://www.un.org/zh/index.shtml.

区内县区的发展水平、基本公共服务水平的比较与分析。

我国人文发展的空间差异明显，呈“一个国家、三种人文发展”格局。人文发展水平高值区域只有北京、上海和天津，低值区域集中在西部地区[153]。整体上东高西低、南高北低，区域差距明显[154]。人文发展的城乡差异大，很大程度上影响区域均衡[155]。对人文发展的影响因素分析后，公共支出与人文发展具有显著的正相关关系，其中教育、医疗、卫生的支出贡献率最大[156]。

7.2.2 人文发展指数模型

人类发展指数计算模型经过多次修正，2010 年开始新计算方法，公式如下：

（1）求预期寿命指数：

$$LEI = \frac{LE - 20}{83.2 - 20} \tag{7-4}$$

（2）求教育指数：

$$EI = \sqrt{\frac{MYSI.\ EYSI}{0.951}} \tag{7-5}$$

其中，$MYSI$ 为平均学校教育年数指数，$EYSI$ 为预期学校教育年数指数：

$$YSI = \frac{MYS}{13.2},\ EYSI = \frac{EYS}{20.6} \tag{7-6}$$

（3）求收入指数：

$$II = \frac{\ln(GNP_{pc}) - \ln(100)}{\ln(107711) - \ln(100)} \tag{7-7}$$

（4）人类发展指数：

$$HDI = \sqrt[3]{LEI.\ EI.\ II} \tag{7-8}$$

其中，HDI 为人类发展指数，LEI 为预期寿命指数，LE 为预期寿命，EI 为教育指数，MYS 为平均学校教育年数（一个大于或等于 25 岁的人在学校接受教育的年数），EYS 为预期学校教育年数（一个 5 岁的儿童一生将接受教育的年数），II 为收入指数，GNP_{pc} 为人均国民收入（因为无专门的统计，参考已有研究经验，各县区人均国民收入以城镇人均可支配收入与农村人均纯收入的均值替代）。

7.2.3 人文发展水平与空间分布

以 2010 年联合国计算人文发展指数方法，结合甘肃省统计年鉴以及全国第五次和第六次人口普查中甘肃省各县区的相关数据进行计算，得出 2000 年和 2010 年各县区人文发展指数，如表 7－2 所示：

表 7-2　2000 年与 2010 年甘肃各县区人文发展指数

县区	HDI		县区	HDI		县区	HDI	
	2000 年	2010 年		2000 年	2010 年		2000 年	2010 年
城关区	0.699	0.779	民乐县	0.596	0.692	渭源县	0.583	0.671
七里河区	0.675	0.757	临泽县	0.606	0.702	临洮县	0.591	0.682
西固区	0.679	0.757	高台县	0.608	0.701	漳县	0.563	0.670
安宁区	0.700	0.782	山丹县	0.610	0.697	岷县	0.543	0.656
红古区	0.659	0.737	崆峒区	0.610	0.700	武都区	0.550	0.648
永登县	0.632	0.709	泾川县	0.597	0.690	成县	0.543	0.665
皋兰县	0.637	0.715	灵台县	0.594	0.685	文县	0.572	0.647
榆中县	0.632	0.727	崇信县	0.599	0.695	宕昌县	0.545	0.630
嘉峪关市	0.687	0.781	华亭县	0.597	0.695	康县	0.559	0.641
金川区	0.667	0.760	庄浪县	0.567	0.665	西和县	0.554	0.647
永昌县	0.639	0.738	静宁县	0.580	0.668	礼县	0.546	0.639
白银区	0.663	0.744	肃州区	0.645	0.733	徽县	0.588	0.663
平川区	0.637	0.722	金塔县	0.641	0.727	两当县	0.583	0.671
靖远县	0.632	0.712	瓜州县	0.649	0.708	临夏市	0.603	0.677
会宁县	0.610	0.709	肃北县	0.633	0.742	临夏县	0.530	0.629
景泰县	0.632	0.718	阿克塞县	0.653	0.742	康乐县	0.527	0.617
秦州区	0.610	0.701	玉门市	0.656	0.715	永靖县	0.568	0.656
麦积区	0.609	0.696	敦煌市	0.635	0.738	广河县	0.513	0.616
清水县	0.580	0.667	西峰区	0.617	0.708	和政县	0.516	0.627
秦安县	0.593	0.677	庆城县	0.602	0.688	东乡县	0.480	0.615
甘谷县	0.593	0.680	环县	0.572	0.667	积石县	0.508	0.624
武山县	0.581	0.680	华池县	0.588	0.677	合作市	0.548	0.670
张家川	0.560	0.660	合水县	0.594	0.684	临潭县	0.519	0.638
凉州区	0.621	0.707	正宁县	0.592	0.680	卓尼县	0.509	0.640
民勤县	0.619	0.703	宁县	0.595	0.681	舟曲县	0.506	0.631
古浪县	0.596	0.679	镇原县	0.595	0.682	迭部县	0.529	0.634
天祝县	0.591	0.674	安定区	0.586	0.686	玛曲县	0.529	0.639
甘州区	0.619	0.713	通渭县	0.577	0.656	碌曲县	0.535	0.639
肃南县	0.618	0.708	陇西县	0.578	0.680	夏河县	0.523	0.641

从数据的整体分布，结合联合国对国家人文发展的分类，以及县区的特点，将各县区分布值从高到低以 0.049 个点进行分类，分为 6 类，依次从高到低为高值区（0.750 以上）、中度区（0.700 ~ 0.749）、过渡区（0.650 ~ 0.699）、低值区（0.600 ~ 0.649）、不足区（0.550 ~ 0.599）、薄弱区（0.549 以下）。

（1）从整体上看：结合表 7 - 2 分析，2000 年各县区人文发展整体水平不高，没有高值区域，且人文发发展薄弱区域面积很大。空间上北高南低、西高东低的格局。工业化和城镇化较高的区域、旅游业较为发达的区域的人文发展指数较高；2010 年各县区人文发展水平都有大幅提高，出现了高值区，且薄弱区得到改善。北高南低、西高东低，工业化以及旅游发达区域依然具有优势，但是人文发展在此格局上整体水平得到提升。

（2）从主体功能区框架分析：2000 年重点开发区框架内，人文发展指数不高，人文发展指数中度区是城关区，其他区域以过渡区与低值区为主。华亭属薄弱区。原因在于，一方面东南部主要以农牧业为主，基本公共服务水平低下。另一方面尚未形成功能区划概念，以经济建设为主，忽视对人文发展提高；限制和禁止开发区框架内，人文发展整体水平很低，肃南、肃北的人文发展指数属于过渡区，甘南和陇南的大部分县属于薄弱区，其人文发展指数过低。原因在于这些区域主要以生态保护为主要的职能，人民生活以农牧业为主，基本公共服务水平很低，因此要改善其经济水平，大力加强生态保护为主要职能区域的基本公共服务投入，提高人民生活水平与人文发展指数；总之，2000 年重点开发区域框架内各县区人文发展指数相对较高，且高于限制和禁止开发区的人文发展。而限制和禁止开发区内的人文发展整体不高，区域间以及区域内不均衡问题突出。

2010 年重点开发区框架内，人文发展指数出现高值区，嘉峪关、金川、城关区，这些区域各有特点。嘉峪关旅游发达、金川工业化水平高，兰州城关区的城镇化水平高，无论内在的支撑还是外在动力，都推动其基本公共服务建设，提高了人文发展，其余区域则属中度或过渡区。2010 年重点开发区的人文发展指数高于限制和禁止开发区的人文发展，限制和禁止开发区的人文发展整体依然不高，甘南和陇南薄弱区虽得到提高，但依然属不足区。

总之，人文发展是联合国以教育、医疗及生活水平测算国家发展水平的一种指标，是基本公共服务内容之一，虽没有公共服务全面广泛，但体现了各区域发展水平以及基本公共服务水平。比较甘肃各类型区 2000 年和 2010 年人文发展的变化，发现各区域的人文发展不均等化严重，尤其限制和禁止开发区的人文发展很低，亟待提高。国家以及各县区对人文发展的投入一般较多，人文发展的提高促进了基本公共服务水平的提高，而基本公共服务均等化水平直接影响人文发展的水平，其具体关系后面做进一步的分析验证。

7.3 均等化水平与产业结构、就业结构

人口集聚、产业集聚与区域集聚间的关系是区域经济学中最基本的问题，也是各主体功能区经济、基本公共服务的主要问题。功能区划是一种区域集聚的形式，在各区域发展不同的产业，推动了产业的集聚，逐渐形成区域的增长中心和发展中心，在边际报酬作用下，集聚地产业要素向周围辐射，实现再配置，通过扩散达到均衡[157]。在实现均衡的过程中，良好的基本公共服务水平起到基本的推动作用，同时各功能区的产业结构与产业发展变化改变各区域基本公共服务的供给能力与需求结构。

产业发展是区域经济的基本命脉，区域的产业结构以及可持续发展是区域人口资源环境协调的根本，也是人们生活水平提高的直接资金来源，为基本公共服务建设提供最基本的资金支持。一方面产业产值表明区域基本公共服务的资金来源，产业人口比重影响甚至决定了政府对区域基本公共服务的投入观念。另一方面基本公共服务水平是吸引生产要素的基本环境，其能力影响产业发展能力，一些产业发达区（如第三产业发达区域），形成人口集聚，对基本公共服务的数量与质量要求随之增加。相反，如产业产值过低（如部分农业地区），公共服务建设不足，人们“以足投票”，导致人口外流。人口密度下降，使其在基本公共服务的经济保障以及投入方面都受到决定性影响。主体功能区划后，对各区域产业的主要发展方向规范引导，重点开发区以城镇化与工业化为主，而限制和禁止开发区以农业和生态为主要职能。各区域职能分工后怎样在原有的基本公共服务水平上进一步提高，满足人们基本的需求，以及各区域职能分工以后各次产业、各次产业从业人员比重发生变化，带来人们对基本公共服务需求质量与结构的变化。基本公共服务提供者及时跟进与配置，达到公平与效率，体现以人为本的科学发展，保证区域的均衡发展，是必须重视的问题。

分析与讨论

（1）整体上：从图 7－5 和图 7－6 各区域的产业结构及各次产业从业人员的比较可以看出，2000～2010 年全省各类型区的第一产业产值比重逐渐下降，第二和第三产业的产值比重逐渐上升。且无论在哪个类型区，第一产业从业人口所占比重最高。随时间序列变化，虽有缓慢下降趋势，但第一产业产值较低、从业人口所占比重较大的格局没有变化。而对第一产业人口所需的基本公共服务水平供给能力最低，因此这格局下对造成资源环境、基本公共服务均等化的压力很大。

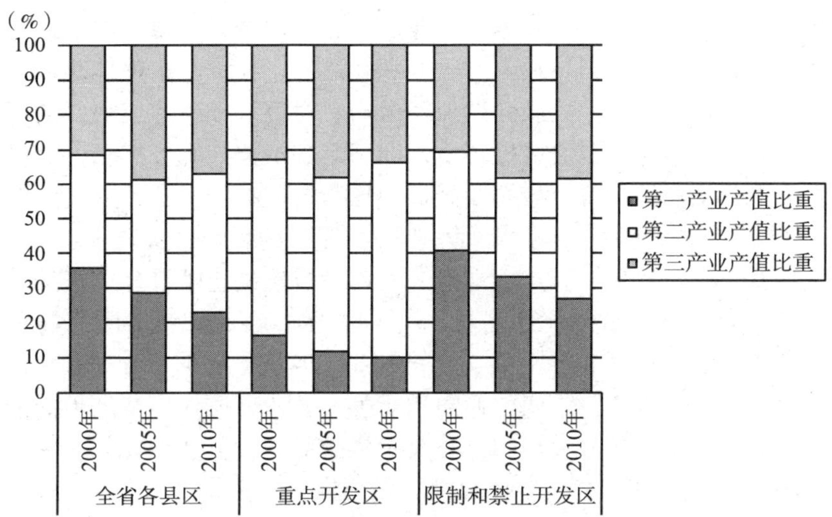

图 7－5　甘肃各区域各次产业产值比重

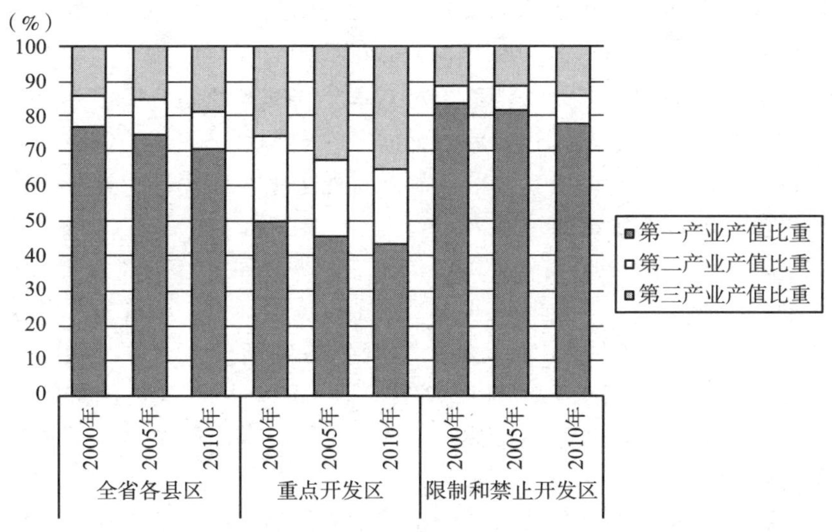

图 7－6　甘肃各区域各次产业从业人口比重

（2）从主体功能区框架分析：重点开发区框架内，第二产业和第三产业的产值比重占绝对地位，第一产业产值比重低，但第一产业的从业人口多。说明工业化初期，不能吸纳较多的农业人口转化，较多的人口拥挤在产出率较低的行业，在区域内首要解决的是实现基本公共服务的城乡均等化；在限制和禁止开发区框架内，从各次产业产值均衡，逐渐变化到第一产业产值比重下降，第二和第三产业比重上升的产业结构变化，且第一产业从业人员占绝大多数，说明以第一产业为主的区域农业产出过低，导致人均收入水平过低，经济水平整体难以提高，人们的生存压力大，对基本公共服务的保障微弱，对资源环境造成很大的压力，是解决该区域人们生存与发展的前提环境，即满足基本公共服务需求，促进人力资本向物质资本转化，是实现区域内及区域间均衡的前提。

（3）产业结构与就业结构变化对基本公共服务的影响：从产业以及从业人员变化的规律看，各年各类型区产业与就业人口发展轨迹比较符合“配第—克拉克定理”[158]。1940年英国经济学家科林·克拉克在威廉·配第的收入与劳动力流动关系学说的基础上，计量和比较了不同收入水平下，就业人口在三次产业中分布结构的变动趋势后认为，不同产业间相对收入的差异会促使劳动力向能够获得更高收入的部门移动。随着人均国民收入水平的提高，劳动力首先由第一次产业向第二次产业移动。当人均国民收入进一步提高，则劳动力向第三次产业移动。结果，劳动力在产业间的分布呈现出第一次产业人数减少、第二次和第三次产业人数增加的格局。并从产业结构与水平对劳动力的分析得出，产业之间的差异、人们消费结构的变化和技术进步是劳动力转移的深层原因[159]。配第—克拉克定理揭示了经济发展中劳动力在三次产业中分布结构的演变规律。因此，各类型区中，随着劳动力逐渐向第三产业转移，对基本公共服务的消费提出多品种、高质量、高效率的结构与质量多元化的要求，而以政府为单一主体的供给方式不能满足多元化的需求。人口的结构变动对资源配置的公平与效率的权衡，要求供给主体以及供给方式的改革随之跟进。

总之，2000～2010年全省各类型区的第二产业和第三产业产值所占的比重逐渐增大，第二产业和第三产业的从业人员比重也逐渐增大，这种发展轨迹符合克拉克定律。产值比重不同说明在基本公共服务的自我投入上各区域有差异，同时，对基本公共服务的需求会随着产业结构以及产业从业人员比重的变化在数量、质量以及供给方式上产生多元化。以此为依据，及时改革各区域基本公共服务供给结构。

总之，产业结构不同，公共服务的供给能力不同，在公共服务的不均等情况下，不同收入水平的消费者享受的程度与水平也差异化。公共服务不均等化的前提下，人们“以足投票”，向产业发达、能够提供良好基本公共服务条件的区域流动，大量高素质的人才流入，又为产业发展的升级以及产业结构的延伸提供要素，形成良性循环，引起产业结构和就业结构的变化。对发达区域有利，对不发达区域不利。从各区域对全省水平的影响看，限制和禁止开发区各年各县区产业结构的变化、产业从业人员变化对整体影响较大，要实现均等化的基本公共服务，不能忽视对限制和禁止开发区的产业培育和产业结构优化。

7.4 均等化水平与经济发展要素

本区域的经济增长以及经济发展是基本公共服务发展的基本保障，同时，基本公共服务的均等化水平又影响经济发展水平。

7.4.1 均等化水平与各区域物质、人力资本

从经济学角度而言，物质资本和人力资本是经济增长的两个来源，而人力资本质量决定着物质资本的获得与效率。工业化以及现代化中，个体或者家庭的物质资本很大程度上取决于人力资本的质量。人力资本质量高，则得到相应高的报酬。因此，人们会投入更多物质与时间来提高人力资本，即通过大量的教育投入来提高劳动者素质[160]，以实现人力资本向物质资本的转化，从而积累大量的物质资本。此时，要求能满足提升人力资本的基本公共服务条件，“以足投票”刺激人口流动。为追求满足效用的基本公共服务，实现对物质资本的积累和人力资本提高，往往不惜成本和代价，如很多为子女教育而选择流动与迁徙的人口。在物质资本积累到一定程度以后，生活结构发生变化，带来对生活质量的追求与生活结构变化。因此对基本公共服务的结构与质量提出新的要求。所以，物质资本以及人力资本对基本公共服务的变化有直接的阶段性影响，初期阶段，通过良好的基本公共服务提高人力资本，实现物质资本的积累，要求公共服务的数量与质量配置。后期物质资本相对满足，追求基本公共服务的结构与质量，满足对生活质量的需求。

7.4.2 均等化水平与储蓄、消费

基本公共服务的提高以及实现均等化的力量来源于投资，即各种内部的投资与来自外部的投资水平决定基本公共服务的水平。内部投资在于本区域的财政收入，外来投资是由各种横向的、纵向的转移支付构成，地方政府投资是各区域基本公共服务均等化基本保障能力的体现[161]。但无论是哪方面的投资，相应的资本积累是前提，即经济增长。在我国“扩大内需保增长”的背景下，以内需实现经济增长，提高地方财政收入能力为主，政府财政投资是实现基本公共服务均等化的主要手段。

消费与储蓄体现了区域或者国家的经济活跃度，也是影响经济增长的两个重

要方式。据凯恩斯边际消费倾向论[162]，在绝对收入假设前提下，可支配收入用于消费和储蓄，消费和储蓄取决于可支配收入。一般情况下，低收入者的边际消费倾向较大，随着收入水平的提高，其边际消费倾向下降，因而出现高收入者的边际消费倾向较小。由于收入差距的扩大，使整个经济的边际消费倾向下调，出现消费需求不足。由于投资需求是消费需求的函数，消费需求的不足必然导致投资需求萎缩，影响投资的乘数效应，降低了投资效率，阻碍经济的持续快速增长，直接影响基本公共服务的投资能力。实际上，消费是近期的消费，而储蓄是远期的消费[163]。所以，储蓄超过一定的度，就对经济发展产生制约作用。假设以国民收入决定消费，那么消费与储蓄的关系就是消费者或者家庭选择多少比例的收入用于现在消费，多少比例的收入用于将来消费，即储蓄。

我国居民的储蓄余额飞速增长，2000 年超过 6 万亿元，2005 年达 14 万亿元，2010 年 30 万亿元，2013 年达到 40 万亿元，居民储蓄率已超过 50%，远远超过世界平均水平①。储蓄额不断增长对消费带来的影响是消费率持续走低，10 年来，我国最终消费率平均为 59.5%，比世界平均消费率低了将近 20 个百分点。高的储蓄并不意味着全体人民的收入增长，中国人民大学郭国庆教授认为②，由于受城乡人口比重和收入差距的影响，中国储户结构与收入不对称，真正需要消费的、人数最多的中小储户，拥有的存款并不多，而真正有钱大储户的目的是通过储蓄，实现现有资本与财富的增长与资产转移下一代。高储蓄源于基本公共服务不均等带来的人们消费信心不足，以及对代内、代际间享受的基本公共服务程度缺乏安全感。

进一步分析消费储蓄与基本公共服务的关系，从储蓄的目的来看，社会产业结构演进的过程中，以服务消费为主、实物消费为辅的新现象已经普及。据 2005 年中国社会科学院的调查发布数据显示[164]，人们的储蓄目的中，子女教育、养老、住房排在居民前三位。人民银行对储户的调查问卷中③显示“攒教育费”是居民储蓄的首要目的，依次是“养老”、“买房装修”和“预防意外”，分别占 18.9%、14.1%、11.8% 和 10.7%，而这些都是人们在生存与发展过程中对基本公共服务的诉求。中国人民银行行长周小川认为，社会保障体系的不健全是老百姓不敢花钱的重要原因。教育、养老及居住等基本公共服务是人们储蓄的主要目的说明，一方面人们为自己享受公共服务的机会积累物质资本，一方面以提高人力资本和物质资本通过代际资产转移使下一代享受良好的基本公共服务，且为下

① 财政部网站：http：//finance. china. com. cn/roll/20130911/1802868. shtml.

② 新华网，新华每日电讯.4 版：http：//news. xinhuanet. com/mrdx/2006 - 01/16/content_4057273. htm.

③ 中国人民银行调查统计司 http：//www. pbc. gov. cn/publish/diaochatongjisi/193/1689/16892/16892_. html.

一代基本公共服务的享受机会而积累。基本公共服务的均等化水平对经济增长的消费与储蓄，物质资本与人力资本等要素产生影响，反过来，储蓄消费以及人人力资本和物质资本的水平又决定了基本公共服务的投资，最终决定基本公共服务的均等化水平。进一步分析，以均等化下的储蓄额与非均等化时实际的储蓄额差异，可以验证基本公共服务均等化的水平对各功能区经济增长、基本公共服务投资的差异。

设：各县区的基本公共服务值为 Y，$\widehat{Y}$为基本公共服务的中值，X_1 为人均物质资本，X_2 为人力资本素质，X_3 为人均消费额，X_4 为人均储蓄额，对 2010 年各县区的相关数据值标准化处理后，进行各因素的相关性分析，建立回归方程，则公共服务均等化水平对经济增长各要素的影响关系为：

$$Y = -0.129 + 0.319X_1 + 0.123X_2 + 0.201X_3 + 0.211X_4 \tag{7-9}$$

$$R^2 = 0.876$$

$$F = 164.32$$

令 $Y = \widehat{Y}$

则基本公共服务均等化时各区域居民人均储蓄额：

$$\dot{X}_4 = \frac{0.1007 + 0.129 - 0.319X_1 - 0.123X_2 - 0.201X_3}{0.211} \tag{7-10}$$

依据公式（7－9）和公式（7－10），取各县区 2010 年基本公共服务的中值，即均等化的临界值，以此测算各县区在基本公共服务均等化前提下 2010 年人均储蓄额，将其与 2010 年基本公共服务不均等的现状中各区域的实际人均储蓄额进行比较，横坐标为各研究单元，前 17 个区域为重点开发区框架内的各县区，纵坐标为人均储蓄额（万元）。如图 7－7 所示。

分析与讨论

（1）整体上：从图 7－7 可以看出，如果各区域的基本公共服务均等，那么部分发达区域储蓄会降低，而部分落后区域储蓄将会提高。原因在于，发达区域的经济水平较高，达到最低限均等化即临界水平时尚且有很大的经济余力。因此，增加消费，减少储蓄；不发达区域在基本公共服务不均等以及严重缺乏的现状中，尚且缺乏达到临界水平的经济能力，更无余力储蓄积累。如果实现了基本公共服务的均等化，就会带动落后区域的收入水平增加，提高基本发展所需的储蓄的经济能力。因此，以最低的均等化来衡量各区域在现行收入水平下的储蓄与消费结构，重点开发区超高的储蓄率会降低，限制尤其是禁止开发区的人均储蓄额会上升。

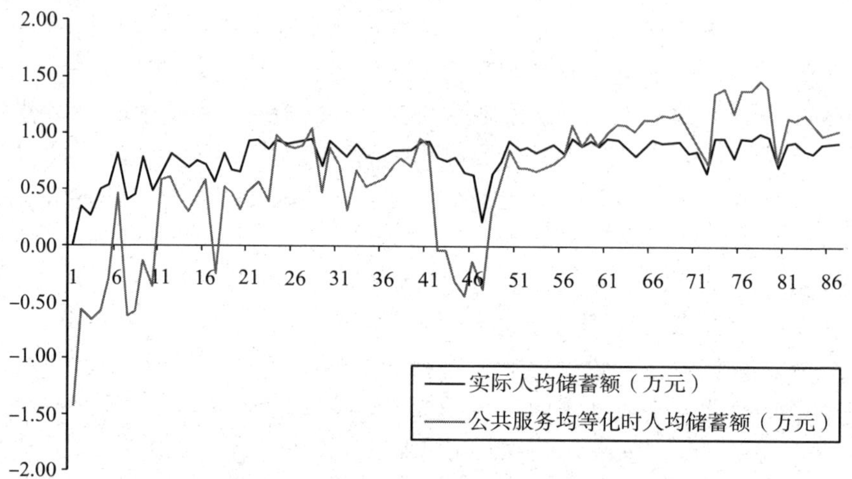

图7-7 基本公共服务均等与非均等化下的人均储蓄额

原因在于，在基本公共服务的非均等化现状中，虽然重点开发区的收入水平较高，但为了在未来基本公共服务的享受中保持较高水平，所以增加储蓄来保障未来的享受水平，导致储蓄高涨并且超过正常需求度，这样对经济的增长不一定有利。限制尤其是禁止开发区收入水平较低，其对基本公共服务的边际消费依然在增长，可用于将来消费的储蓄不足。如果基本公共服务不能实现均等化，对区域的长期可持续发展以及经济的发展极为不利。

（2）以主体功能区的框架分析：基本公共服务不均等的现状下，重点开发区框架内的收入水平相对较高，其基本公共服务能力相对好。基于对基本公共服务不均等的认识，一方面享受区域内提供的相对良好的公共服务，一方面积极进行物质资本积累，即储蓄。以用于将来或者下一代能够在公共服务不均等的环境下享受好的公共服务。所以，不均等的基本公共服务会刺激储蓄；限制和禁止开发区收入不高，基本公共服务水平也不高，其现有收入维持生存，不能满足提高人力资本来转化物质资本所需的公共服务费用（例如大学教育所需的费用），所以储蓄能力较低，为自己将来或者下一代享受公共服务而积累物质资本更不可能。两种类型区消费者都出现消费不足，难以拉动内需，所以基本公共服务的不均等化对可持续发展的制约性很大。

原因在于，在基本公共服务均等化时，各区域、不同群体的人们在享受基本公共服务时，基于基本均等的最低保障，不用担忧将来或者下一代在享受公共服务时的成本，消费增加。重点开发区经济能力较好的区域以及民众会注重现在的生活质量，提高消费能力，降低储蓄，拉动经济发展。限制和禁止开发区居民也不为提高人力资本在当期和下一代享受基本公共服务的储蓄积累而忧虑。以代际关系分析，基本公共服务的不均等状态下，人们所享用的基本公共服务区别源于人们收入差别，那么本代人在享受较高的基本公共服务下，有较高的人力资本实现物质资本的积累，本代人就会用更多的时间用于资本积累，降低消费，积累额用于保障下一代基本公共服务的水平和收入水平[165]；基本公共服务均衡的前提下，在享受公共服务的机会上均等，结果大体均等，享受基本公共服务不因收入而有大的差别，那么本代人不会为自己的将来（如社会保障）或者下一代的基本公共服务享受机会而忧虑，本代人会更注重追求现在生活质量，带动消费增长，储蓄降低，也拉动经济增长。

总之，基本公共服务的均等化有利于物质资本与人力资本的均衡，利于储蓄与消费的合理化，从而拉动经济的发展。现在以刺激消费拉动内需为主的经济发展方式中，以各种补贴刺激居民的消费需求，降低高储蓄率，不能成为可持续发展的最终措施。关键在于提高基本公共服务水平，实现均等化，缩小区域差距。并在服务消费占大部分比例的现代经济社会，以提高基本公共服务水平，降低因公共服务不均等而带来的消费顾虑，增强消费信心，才是促进经济发展的有效措施。

7.5　基本公共服务与各类型区发展要素的分析

通过分析各类型区可持续发展的一些主要要素的空间格局、趋势动态，及其与基本公共服务的关系进行初步的假设与分析。为进一步验证，以相关性分析来评价其相互影响的程度。基本公共服务的均等化程度与各类型区可持续发展主要要素之间相互影响、相互制约，均等化的基本公共服务是区域协调发展的保证，各要素的合理化是基本公共服务均等化的源泉。

以各县区2000年和2010年的人口流动强度（y_1）、人口流动性质（y_2）、人文发展指数（y_3）、第一产业产值比重（y_4）、第二产业产值比重（y_5）、第三产业产值比重（y_6）为因变量，将会对各类型区发展要素产生影响的基本公共服务（x_1）、消费占收入比率（x_2）、人均GDP（x_3）、人均GNP（x_4）、人均受教育年限（x_5）、城镇化水平（x_6）、人口密度（x_7）、人口自然增长率（x_8）、人均一般预算收入（x_9）、人均一般预算支出（x_{10}）为自变量，$n=87$，以SPSS17.0进行相关性分析，则其相互关系以及影响程度，得出2000年与2010年相关系数变化矩阵，见表7－3和表7－4所示：

表 7 – 3 2000 年人口流动、人文发展、产业结构等相关性系数矩阵

	y_2	y_3	y_4	y_5	y_6	x_1	x_2	x_3	x_4	x_5	x_6	x_7	x_8	x_9	x_{10}
y_1	0. 147	0. 250*	–0. 284**	0. 336**	–0. 103	0. 180	–0. 016	0. 386**	0. 308**	0. 245*	0. 370**	0. 048	–0. 070	0. 161	0. 075
y_2	1	0. 406**	–0. 385**	0. 250*	0. 228*	0. 303**	0. 326**	0. 585**	0. 499**	0. 442**	0. 638**	0. 687**	–0. 012	0. 287**	0. 099
y_3		1	–0. 636**	0. 659**	–0. 065	0. 458**	0. 198	0. 710**	0. 907**	0. 968**	0. 678**	0. 331**	0. 084	0. 434**	0. 164
y_4			1	–0. 841**	–0. 248*	–0. 395**	–0. 210	–0. 699**	–0. 574**	–0. 650**	–0. 765**	–0. 373**	–0. 159	–0. 415**	–0. 191
y_5				1	–0. 315**	0. 434**	–0. 085	0. 751**	0. 628**	0. 623**	0. 691**	0. 114	0. 141	0. 509**	0. 221*
y_6					1	–0. 084	0. 521**	–0. 119	–0. 117	0. 025	0. 105	0. 450**	0. 027	–0. 185	–0. 061
x_1						1	0. 002	0. 630**	0. 588**	0. 455**	0. 571**	0. 030	0. 083	0. 860**	0. 861**
x_2							1	0. 010	0. 121	0. 262*	0. 284**	0. 517**	0. 153	–0. 053	–0. 127
x_3								1	0. 798**	0. 694**	0. 849**	0. 327**	0. 057	0. 608**	0. 397**
x_4									1	0. 830**	0. 706**	0. 281**	0. 059	0. 577**	0. 319**
x_5										1	0. 715**	0. 391**	0. 068	0. 406**	0. 156
x_6											1	0. 467**	0. 170	0. 532**	0. 256*
x_7												1	0. 200	0. 008	–0. 119
x_8													1	0. 050	0. 040
x_9														1	0. 755**

**. Correlation is significant at the 0. 01 level (2 – tailed).

*. Correlation is significant at the 0. 05 level (2 – tailed).

表 7-4　　2010 年人口流动、人文发展、产业结构等相关性系数矩阵

	y_2	y_3	y_4	y_5	y_6	x_1	x_2	x_3	x_4	x_5	x_6	x_7	x_8	x_9	x_{10}
y_1	0.556**	0.729**	-0.676**	0.442**	-0.022	0.662**	0.151	0.647**	0.749**	0.741**	0.802**	0.518**	-0.174	0.522**	0.263*
y_2	1	0.459**	-0.482**	0.180	0.187	0.323**	0.253*	0.349**	0.504**	0.547**	0.628**	0.691**	-0.200	0.202	0.056
y_3		1	-0.611**	0.590**	-0.306**	0.498**	0.088	0.651**	0.916**	0.936**	0.798**	0.312**	-0.454**	0.367**	-0.014
y_4			1	-0.757**	0.189	-0.536**	0.017	-0.685**	-0.582**	-0.655**	-0.804**	-0.327**	0.134	-0.443**	-0.135
y_5				1	-0.784**	0.512**	-0.367**	0.738**	0.556**	0.534**	0.530**	-0.069	-0.192	0.510**	0.183
y_6					1	-0.261*	0.536**	-0.458**	-0.284**	-0.181	-0.034	0.415**	0.162	-0.345**	-0.146
x_1						1	-0.260*	0.788**	0.571**	0.493**	0.594**	0.002	-0.071	0.770**	0.744**
x_2							1	-0.329**	-0.013	0.170	0.175	0.591**	-0.021	-0.315**	-0.368**
x_3								1	0.732**	0.588**	0.645**	0.027	-0.221*	0.786**	0.477**
x_4									1	0.781**	0.729**	0.250*	-0.335**	0.433**	0.141
x_5										1	0.862**	0.440**	-0.475**	0.354**	-0.016
x_6											1	0.499**	-0.305**	0.359**	0.057
x_7												1	-0.074	-0.015	-0.225*
x_8													1	-0.033	0.102
x_9														1	0.733**

**. Correlation is significant at the 0.01 level (2-tailed).

*. Correlation is significant at the 0.05 level (2-tailed).

通过0.01 水平上显著性检验后，对各年各类型区的可持续发展要素与基本公共服务的相关度进行排序，分析影响各类型区发展要素对基本公共服务投入的影响，以及基本公共服务水平在实现可持续发展中作用，各要素与基本公共服务的关联程度，具体见表7－5所示：

表7－5　　2000年和2010年各变量的相关度变化

2000年	高度相关	中度相关	低相关	微相关
	$0.8<\lvert r\rvert\leqslant 1$	$0.5<\lvert r\rvert\leqslant 0.8$	$0.3<\lvert r\rvert\leqslant 0.5$	$0<\lvert r\rvert\leqslant 0.3$
y_1			$x_3>x_6>y_5$	$y_4>y_3>x_5$
y_2		$x_7>x_6>x_3$	$x_4>x_5>y_3>y_4>x_2>x_1$	$x_9>y_5>y_6$
y_3	$x_5>x_4$	$x_3>x_6>y_5>y_4$	$x_1>x_9>x_7$	
y_4	y_5	$x_6>x_3>x_5>x_4$	$x_9>x_1>x_7$	y_6
y_5		$x_3>x_6>x_4>x_5>x_9$	$x_1>y_6>x_{10}$	
y_6		x_2	x_7	
2010年	高度相关	中度相关	低相关	微相关
y_1	x_6	$x_4>x_5>y_3>y_4>x_1>x_3>y_2>x_9>x_7$	$y_5>x_{10}$	
y_2		$x_7>x_6>x_5>x_4$	$y_4>y_3>x_3>x_1$	x_2
y_3	$x_5>x_4$	$x_6>x_3>y_4>y_5$	$x_1>x_8>x_9>x_7>y_6$	
y_4	x_6	$y_5>x_3>x_5>x_4>x_1$	$x_9>x_7$	
y_5		$y_6>x_3>x_4>x_5>x_6>x_1>x_9$	x_2	
y_6		x_2	$x_3>x_7>x_9$	$x_4>x_1$

7.5.1　人口流动与基本公共服务水平的分析

2000年，人口流动的驱动因素中无强相关，说明流动的盲目性很大。在农业产值增加率低下的推力与工业化城镇化吸引的拉力共同作用下，收入水平高、城镇化高、工业化高是吸引人口流动的主要因素。人口流向城镇化水平高、经济较发达区域。此时，人口流动追求高收入，对基本公共服务要求不高，所以呈弱相关。而基本公共服务与人口密度和人口增长率及生活成本不相关，较符合经济发展初期阶段人口流动的动因与目的。

2010年，人口流动因素发生质的变化，强相关系数出现并增多，说明人口流动的目的性增强。城镇化工业化形成巨大的拉力，农业增加值继续大幅下降形成的推力加深。人均教育水平与基本公共服务呈强相关，说明受教育水平的提高，对生活质量的要求提高，促使追求基本公共服务成为人口流动的主要驱动因素，追求高的工资水平是次要因素；大强度的流动使人口流向性质空间上呈净流出，而流入区域的人口密度增加，为工业产值增加率带来大量的劳动力。

因此，当代人口流动追求良好的基本公共服务成为主要动因之一，人口的频繁流动又刺激流动强度大的区域积极改善本地的基本公共服务状况，表现在基本公共服务与人均财政支出的强相关。刘易斯以及托达罗理论不能解释这种现象，而蒂布特的“以足投票”基本公共服务理论验证了当代人口流动的驱动因素。但农业产业增加值持续下降，不得不引起我们的反思。农业产值低、农村公共服务水平低下，人口净流出特征明显，老人孩童留守，劳动力素质下降，并一定程度上形成很多“空心村”，对公共服务建设带来极大的困难。因此，加强流出区域基本公共服务建设，实现均等化不容忽视。总之，人口流动的动因随着基本公共服务水平发生极大的变化，10 年前人口流动主要追求高工资水平以及低的生活成本。10 年后发生质的变化，人们教育程度的提高带来思想观念的变化，对生活质量的追求，因此，追求良好的基本公共服务条件为人口流动的主要驱动因素。

7.5.2　人文发展与基本公共服务的分析

相同点：各类型区人文发展前后 10 年差距，主要的影响在于教育水平与实际收入差距，农业产出率水平低下对人文发展的不利影响一直存在，说明产业结构带来的收入差距对基本公共服务的影响至关重要。

不同之处：2010 年出现人口密度越大、人文发展下降的现象，说明人口密度过大导致人均资源享用率下降。人口密度对人文发展以及基本公共服务的均等化水平的影响，表现在：积极方面的影响，城镇化率高的区域人口密度高，投入较多，基本公共服务水平较高，人文发展也越高，尤其是重点开发区。而人口密度过低的区域，经济水平低，投入以及重视有限，人文发展低，基本公共服务水平得不到相应提高，如限制和禁止开发区；消极方面的影响，人口密度高的区域虽投入较多，但从人均水平而言，人均公共服务能力下降，人文发展下降。而人口密度过低的区域，不投入则造成基本公共服务水平更低，区域差距更大。而投入的话，基于过低的人口密度，投入以及配置代价更大，一些禁止开发区大都处于保护区，人口密度很低，公共服务建设难度大，效果不明显。所以，很多区域的生态移民、新农村建设等移民政策，集中过于零散的人口布局，利于基本公共服务建设，利于提高人文发展。

总之，人文发展是基本公共服务的部分内容，其水平也是基本公共服务水平体现。10 年前影响人文发展的主要因素是经济发展水平，但是随着社会的发展，人们受教育程度的提高以及人口密度逐渐增加，基本公共服务的建设水平直接决定人文发展。

7.5.3 基本公共服务与产业结构的分析

第一产业产值比重高的区域，基本公共服务质量值相对较低：原因在于，2000 年第一产业产值比重与第二产业发展呈负相关，农业产出低，经济水平不高，投入有限；另一方面城镇化过程中对劳动力和土地的分化，劳动力流失，是导致农业产值下降的另一个主要原因；2010 年工业化以及经济水平依然是影响农业产值、基本公共服务投入的主要因素，且城镇化的扩张与第一产业产值比重的负相关，说明城镇化过程中对劳动力和土地的利用，成为农业产值比重降低的另一个主要因素。不同之处在于，2010 年教育水平提高，人们重视公共服务的结构与质量，引起农业人口流出，降低了第一产业人口的劳动力素质，导致农业产出比重的下降，对基本公共服务投入难以保证。

第二产业比重高的区域，基本公共服务质量相对较高。原因在于，2000 年工业化城镇化水平高的区域吸引了大量高素质的劳动力，并且基于有效的投入能力，改善本区域的基本公共服务水平，为提高第二产业产值比重提供基本环境，高产值又反哺基本公共服务。2010 年主体功能分区后，各区域的发展定位明确，产业发展分工明晰，使基本公共服务、财政收入与工业产值互为前提，相互影响。一方面产出值高，财政收入增加，基本公共服务建设投入能力提高，另一方面，基本公共服务能力高，吸引投资，利于产业发展，提高财政收入，改善生活质量。

第三产业产值比重逐渐提高，呈现基本公共服务的需求结构多元化，需求质量提高的特点。原因在于，2000 年和 2010 年影响第三产业产值比重的主要原因是消费水平，即消费水平高的区域第三产业较为聚集，产出值较高，对生活质量的追求动机也越明确，即通过“以足投票”对区域的基本公共服务进行选择。不同之处在于，2000 年人口密度是影响第三产业增加值的主要因素之一，而 2010 年财政收入以及基本公共服务成为第三产业产值比重发生变化的主要因素，如果基本公共服务水平低，则难以形成完整有效的第三产业链。所以，对于第三产业而言，良好的基本公共服务条件为其发展提供基本环境，第三产业良性发展，为基本公共服务内容与质量变革带来资金与信息保障。

总之，工业化以及城镇化水平高的区域，有较高的经济水平，能吸引劳动力从第一产业涌向第二产业。而落后区域（或限制和禁止开发区），一方面产业发展有限，收入水平不高不能形成有效的投入。另一方面劳动力流失，人口密度过低，出现基本公共服务配置公平与效率的两难选择，最终导致落后区域的基本公共服务水平越来越低，形成恶性循环。主体功能区划分后，限制和禁止开发区承担了主要的农业以及生态职能，应当避免基本公共服务本身不足与缺乏投入并行的局面，避免出现恶性循环。城市以及工业化区域凭借良好的经济水平吸引大量高素质劳动力，带来更多生产要素，经济水平提高。大量优质的生产要素流入，积累了基本公共服务的投入能力，形成基本公共服务的良性循环。虽然重点开发区基本公共服务水平高于限制和禁止开发区，但基于人口密度，效用并不高，需进一步加强均等化建设。

本章小结

主体功能区划分的出发点是基于地理资源的共性，调整区域的产业结构、不谋求经济而谋求经济的一直发展，而谋求福利的均等。以协调人口、资源环境的关系，实现可持续发展。因此，对各功能区为实现可持续发展的要素与公共服务之间的影响分析，来评价对可持续发展的影响。通过对公共服务均等化的水平与各类型区人口流动、人文发展以及产业与就业结构、经济增长各要素的关系进行分析。证实了功能区划前后，人们流动与迁徙的动因从追求经济收入为主到选择公共服务为主；以世界评价区域发展的人文发展指数衡量了各功能区的人文发展结构，分析发现人文发展也呈现出重点开发区高于限制和禁止开发区，人文发展是公共服务的内容，反映公共服务水平。功能区划前后，产业结构与就业结构的变化轨迹符合“克拉克定律”，即对公共服务的追求增加了人口流动，人口从第一产业、第二产业向第三产业流动。重点开发区的产业结构以及良好的公共服务能力吸引人口流入，进一步提高了其人文发展，也为公共服务的发展提供物质和人力资本。均等化的水平直接影响了经济增长的水平，以及社会的长期发展。不均等的公共服务环境下，人们享受公共服务的水平与收入相关，那么人们会将更多的时间用于物质资本的积累。即人们通过利用现有的公共服务条件大力提高人力资本，实现人力资本到物质资本的转化，增加物质积累，储蓄增加。但是现有的基本公共服务不均等，发达区域和落后区域的人们在提高人力资本的程度和幅度上就出现差异，后期的物质资本转化也随之不同。贫富差距持续拉大，代内间、代际间分配不公，不利于人群体间的公平以及区域间的公平，也不利于社会的长期发展。

第8章

结论与政策建议

8.1 结　　论

（1）对甘肃各类型区基本公共服务的空间质量和影响因素研究得出，空间上，2000~2010年各县区的基本公共服务水平呈现北高南低的格局，河西高于河东，河东地区依次为陇中高于陇东高于陇南高于甘南。北部的公共服务水平相对均等，南部不均等化严重。历经10年发展，基本公共服务的空间不均衡虽有所改观，但是幅度不大。重点开发区框架内的基本公共服务能力以及均等化水平远高于限制和禁止开发区。

（2）以投入因素对基本公共服务的影响分析后得出，影响重点开发区基本公共服务的因素逐渐以财政收入为主，影响限制和禁止开发区基本公共服务水平的因素逐渐以财政收入和转移支付为主，并且限制和禁止开发区的基本公共服务水平对全省整体水平的影响更大，要实现区域的可持续发展，就必须改善落后区域、即限制和禁止开发区的公共服务，实现均等化。

（3）主体功能区划的动力机制以及目的是实现可持续发展，基本公共服务建设既是可持续发展的内容之一，也是影响可持续发展目的实现的主要因素。对基本公共服务与可持续发展的人口、资源和生态环境的耦合度进行分析后得出，基本公共服务与可持续发展的耦合度空间上呈现严重分化，北部耦合发展，中部普通，南部失调衰退的空间格局。重点开发区各县耦合度高，而失调衰退类全部集中在限制开发区范围内。通过“协调—发展”的二维矩阵，具体分析各县区可持续发展与基本公共服务两大子系统的关系，以及对整体耦合的影响，发现甘肃省整体呈现“高发展、高协调，低发展、低协调”的“高—高、低—低”格局，两极分化严重。系统之间协调且发展的区域不多，影响整体的耦合水平。因此，需要注重人民生活、经济建设、环境保护之间的关系，实现公共服务建设、经济发展、可持续发展的协调。

（4）可持续发展包括不同的子系统，为进一步分析基本公共服务均等化的程度对主体功能区可持续发展各子系统的影响，将各要素与基本公共服务之间的相互影响程度进行相关分析。实证分析得出，基本公共服务的均等化水平直接影响了可持续发展，各主体功能区的产业结构、人口结构、人文发展以及经济增长影响基本公共服务配置和均等化水平。因此，基本公共服务均等化水平与可持续发展各子系统之间相互影响。

总之，从各类型区基本公共服务时间以及空间变化、基本公共服务对可持续发展的影响看，首先，即使目前不以 GDP 来考核各体功能区的发展水平，但实际上基本公共服务仍然由经济水平决定，因而对限制和禁止开发区极为不利；其次，政策体系尚不健全，转移支付是均衡区域差距的主要手段，尤其对限制和禁止开发区有直接作用，但现存体系的设计以及缺乏规范化、系统化的监督，导致其作用与效果没有达到应有的水平；最后，需后续连贯的关注与研究，完善从供给到实施效果的评价。目前，基本公共服务的研究大都倾向于管理学，以行政区为单元不具有同质性。主体功能区划以后同质区域的集聚以及分类政策直接影响基本公共服务的均等化，明确各区域在实现基本公共服务均等化中的责任、义务以及措施至关重要。通过对大量调研发现问题的思考总结，以及以主体功能区的框架对各县区基本公共服务的现状、影响因素以及趋势、耦合状况等进一步分析后，提出相应的政策建议。

8.2 政策建议

8.2.1 培育各功能区特色产业体系，提高自我保障能力

产业配置是空间发展的基本内容之一，产业结构决定了区域的财政收入能力，而财政收入能力是基本公共服务的自我保障。主体功能区划以后，重点开发区与限制和禁止开发区的产业主导以及财政收入的差异明显，基本公共服务的自我保障能力也随之出现落差。

从各区域历年基本公共服务发展的相关性分析看，重点开发区的经济能力较好，投资能力强，有基本经济保障能力。10 年间，从财政收入、城镇化水平、各项专项转移支付对重点开发区的基本公共服务建设起主要作用，过渡到以自身的财政经济能力为主，这基本符合基本公共服务发展的轨迹，即从对外依赖到自

力更生。所以重点开发区下一步需要解决的问题是：

（1）进一步提高工业化与城镇化水平，培育产业发展体系，为经济建设与基本公共服务建设提供资金保障；

（2）保证经济建设与基本公共服务建设的资金分配与比例，提高基本公共服务的质量与结构；

（3）人口密度影响其基本公共服务配置的效率与公平，基于重点开发区有相对的要素优势，应当积极建立基本公共服务的源头与终端的控制链体系，吸引对基本公共服务投资，尝试多元化的供给模式，在现有基础上积极创新，分担政府供给主体的压力，同时减少其他区域探索的成本与周期。

限制和禁止开发区基本上是一些农业区和生态保护区，承担了主要的生态职能，生态本身就是公共品，所以限制和禁止开发区的经济效益和社会效益具有长远性和整体性。而这些区域本身经济发展较落后，财力薄弱，难以拨出充足的资金支持基本公共服务建设。主体功能区划以后强调生态职能，更加使一些区域对未来的发展不知所措，而出现对主体功能区的理解偏差的现象，消极情绪严重。基于其财政的入不敷出，承担公共品职能而丧失部分提高经济效益的机会以及可持续发展对区域均衡的需要，需要中央政府介入，通过转移支付平衡限制和禁止开发区的支出能力，弥补基本公共服务建设资金的不足，以实现区域基本公共服务均等化，缩小区域差距。从书中对限制和禁止开发区的基本公共服务发展10年的相关性分析看，其公共服务发展由财政收入与转移支付结合，逐渐过渡到转移支付为主。均等化水平虽有所进步，但变化幅度始终不大，不得不引起反思。因此，一方面需要进一步加大转移支付力度，建立转移支付从源头到末端完整的监督控制评价体系，保证其发挥应有的作用；另一方面需要解决最根本的问题，即区域财政能力自立。任何长久、持续以及高效的发展不可能依赖外部因素，内因是决定因素，外因通过内因起作用。“授之以鱼而不如授之以渔”，解决限制和禁止开发区基本公共服务发展的根本，是扶持和培育适合区域的特色产业体系，提高财政收入能力。转移支付解决了短期发展所需，属于“输血”的过程，但要实现长久持续的发展必须要有“造血”的能力，对这类区域“输血”更要“造血”。因此，针对该区域农业以及生态为主要职能的特点、基于当地的资源条件和空间格局，对已有的产业基础条件分析，培育特色产业体系，发挥比较优势。

（1）培育绿色高效农业产业体系。绿色农业是以市场为导向，运用先进科技以及先进管理手段，以促进农产品安全、生态安全、资源安全和提高农业综合经济效益为协调统一为目标的产业体系。随着环境污染以及生态问题的加剧，世界范围内对环境资源以及人类健康的关注与日俱增，绿色产品受到前所未有的重视，国内外实践证明，只有产业化的生态农业才有发展的生命力。所以，主体功能区划对于限制和禁止开发区既有挑战，也有机遇。因此，对于限制和禁止开发区，吸引投资发展生态农业，积极推动以绿色食品生产加工销售为内容的生态农业产业化经营，加强生态农业科研与推广、建设绿色高效农业基地、对绿色农业企业鼓励支持，完善绿色产业链服务与支撑体系，培育优势产业，带动经济发展，提高财政自立能力，提高基本公共服务的自我保障能力。

（2）加强农村区域生态环境建设、建设美丽乡村，提高农村基本公共服务水平，以特色产业拉动城乡互动。农村基本公共服务水平低下，不能满足基本需求，导致人口大量流动，甚至减弱了对农村的认同感。大量流动人口在农村找不到归属感，而在城市中成为边缘人，无城市户口和稳定收入，成为城市贫困人口群体。如果继续大规模举家迁移，城市贫困人口的规模逐渐增大，对城市以及农村的基本公共服务建设都产生负面影响。所以加强农村生态环境改造建设，提高农村基本公共服务水平，建设美丽乡村，使其适宜于休闲、旅游、憩养，增强认同感。并通过绿色农业产业带动“农业休闲体验”，即农产品花开、落果等季节也是一些节假日休闲季节，以此带动人们参与、体验生态农业，加强城乡互动。一方面形成农业休闲旅游产业，另一方面加强了对生态农业的宣传，增加了对农村的认同感，公共服务的完善增加了农业人口的归属感，利于人口素质的提高以及产业体系的发展培育。

（3）培育旅游以及文化产业的发展。甘肃省是一个旅游资源大省，旅游资源数量多、类型丰富。自然人文旅游资源都具有较大的优势，尤其是对于限制和禁止开发区。因此，应当突出区域旅游特色、发挥旅游资源优势，结合主体功能分区，围绕人文遗址、自然景观进行旅游开发的空间规划与设计，培育旅游与文化产业体系，实现文化的交流对人力资本的影响以及旅游经济带来的规模经济效应，推动区域的可持续发展。

8.2.2 进一步强化政府“公共服务职能”

我国现阶段正处于传统农业社会向现代化转变的关键时期，这一时期政府的政策与措施至关重要。其解决好社会各方面的利益关系决定实现现代化的进程，所以解决好人们生存与发展的基本公共服务需求，是政府的主要职能之一。

（1）由于长期非均衡式发展导致的区域经济差距越来越大，提高基本公共服务水平，实现均等化，是缩小区域差距最直接有效的手段。

（2）人民生活水平逐渐提高，对基本公共服务的数量、质量以及种类提出新的要求，现有的基本公共服务的供给模式已经滞后于公众和社会的需求。改革实践证明，我国基本公共服务领域存在问题的根源在于政府转型的滞后造成政府公共服务职能的缺位①。西方国家如德、法等在经济转型期积极进行政府职能转型，全面完善公共服务制度，成功实现高收入与现代化。因此要实现现代化就要进一步强化政府公共服务职能，解决基本公共服务需求与供给之间的矛盾。

（3）现阶段，区域经济差距逐渐拉大，收入分化导致的经济结构和社会结构变化，公共服务不足，产生更多的人口、资源与环境压力。正是基于公共服务的严重失衡，所以需要政府进一步强化公共服务的职能，厘清职责，所以，从“经济管理型”转变为“公共服务型政府”，强化政府公共服务的职能与责任，以及在公共服务提供中的地位和主导作用，积极进行基本公共服务的改革与创新，鼓励多元化的供给模式，完善基本公共服务从投资到效果的各项政策机制，推动区域间、群体间基本公共服务均等化的水平，实现可持续发展。

8.2.3 积极完善主体功能区的财政政策制度

随着政府职能与政府政策转向公共服务为主导，相应地要求政府财政从生产建设财政向公共服务财政转变，以保证公共服务建设和发展有完整有效的财政制度与财政体系支持。基本公共服务的发展提高以及均等化，不能完全也不能长久依赖于外部支持，即使限制和禁止开发区由于经济能力薄弱，需要大量的转移支付扶持，也只能是短期行为，最终还是要有自己的财政能力来作为基本保障。对经济发达地区、重点开发区来说，有发展所需的物质资本和人力资本，为公共服务的投入带来基本的经济保障。而对于经济落后区域、限制和禁止开发区而言，财政能力极为有限，大部分处于“吃饭财政”，基本的财政收入尚且不能满足生存需求，只能专注于解决马斯洛人类需求层次的底层需要，无余力投入公共服务建设需要。财政是基层公共服务建设首要解决的问题，我国自 1994 年实行分税制以来，事权和财政支出责任呈现出层层下放和分权的走向，而财政收入却在层层向中央集中，出现财权向上走，事权向下走，事权和财权不匹配的现象，但公共服务的建设与执行，尤其是各功能区公共服务资金的执行落实在于县级。我国有 2800 多个县，聚集了全国 70% 的人口，创造了国家 56% 的生产总值，县级是地方公共服务建设的基础，县级财政也是上传下达的重要执行者，其运行直接决定了公共服务的发展水平以及社会的稳定。公共服务支出责任集中于基层政府，而财力财权集中于上层政府，政府间公共服务的财政收支、资源配置失衡，使真正起均等化效应的一般性转移支付比重只有 11.3%[166]，效率不高。给县级与事

---

① 迟福林．理顺关系，力促公共服务均等化［N］．中国改革报，2007.2.8.

权相匹配的财权以及对财权完善的财政以及监督制度，是公共服务执行的关键。

提高公共服务水平，实现均等化，转移支付是最直接有效的财政工具。所以完善转移支付政策，是实现公共服务均等化的关键。我国现行转移支付制度包括税收返还、一般转移支付和专项转移支付三类。实际上税后返还忽视了区域的差别，产生逆均等化效果。一般性转移支付具有明显均等化效应，且国际经验表明，采用因素法确定的各地的转移支付额，利于提高转移支付的透明度、可预见性和客观公正性，利于规范中央与地方间财政分配关系。一般性转移支付采用因素法，通过公式计算来分配资金，即据相关因素计算确定各地区的标准财政收入和标准财政支出，以各地区标准财政收支差额作为分配依据，对公共服务均等化的实现有积极的作用。但实际中，哪些因素应当属于转移支付的范围，应当进行合理的界定与规范。建立客观透明的转移支付财政制度体系，杜绝人为因素造成的不规范以及腐败给公共服务建设带来的损害。专项转移支付是直接用于教育、医疗和社会保障的部分，对缩小基本区域公共服务差距有很大作用。但部分项目要求匹配资金，很多财政困难的县难以实现，影响了使用效率。2008 年中央对西部地区的一般转移支付占 24%，专项转移支付 76%，多用于经济建设、灾害补助等，用于公共服务比例较小[167]。所以，建立健全主体功能区基本公共服务发展的公共财政政策体系，推进基本公共服务均等化。首先，要进一步提高转移支付在财政支出中的比例，尤其一般性转移支付的比例。其次，优化专项转移支付的方向以及要求，增加公共服务在专项转移支付中的比例。

8.2.4　以“共同但有区别责任”为原则，建立奖惩绩效考核体系

“共同但有区别责任原则[168]”源于国际环境法中发达国家与发展中国家对环境保护责任承担的认定。在保护环境上，发达国家以及发展中国家有共同的保护责任，但责任有区别。原因在于，一方面发达国家已经实现了现代化、工业化，其发展过程中对资源的利用和对发展中国家的影响较大，并且其环境保护方面的技术较为成熟。另一方面，发展中国家因承担了更多的环境责任限制了工业化以及现代化发展，人民生活以及经济能力受到限制，能投入到环境方面的资金也受到限制。发达国家与发展中国家有环境保护责任的“共同”，但责任是有“区别”，发达国家在承担环保责任的同时，又协助发展中国家的环境保护，要求发达国家给予发展中国家一定的资金与技术援助，以推动经济能力薄弱的国家实现共同的环境责任。这种援助是发达国家基于自身经济发展资源消耗而应有的责任，也是发展中国家因环保任务而降低经济发展水平的补偿。

（1）责任原则：我国主体功能区划以后，优化和重点开发区与限制和禁止开

发区在实现基本公共服务均等化过程中，与“共同但有区别责任”原则中的两种国家类型承担环境责任相似。所以，应当将这一责任原则适用于不同功能区“共同”的基本公共服务建设责任中。但是重点开发区借助良好的公共服务水平、有利的物质和人力资本，甚至是限制和禁止开发区的一部分资源来发展工业化，实现了现代化，所以应当承担更多的责任。而限制和禁止开发区因为主要承担生态职能，其提供的效益的整体性，经济收益有限性，对建设公共服务的投入能力薄弱，这一区域的人民享受公共服务的权益受到限制。各区域都有重视民生，提高人民福利水平的责任。即基本公共服务均等化是各功能区共同的责任，但责任有区别，重点开发区应当对限制和禁止开发区在资金和技术上提供援助，这种援助是一种义务，是对限制和禁止开发区提供公共品职能的补偿，而不是道义上的施舍。

（2）建立有效的绩效考核体系：区域发展以人们福利的实现，可持续发展水平为主要考核方式。打破以往以 GDP 衡量各功能区发展水平，而根据主体功能分区分别建立评价考核体系。对重点开发区的考核，结合经济发展与基本公共服务水平。而限制和禁止开发区的考核，重在生态环境的恢复保持与基本公共服务建设结合。这种区域发展与人民生活结合的考核方式，有效推动各功能区发展，提高人民生活质量。考核过程采用“法尔金格模式”，即补偿制度结合奖惩制度，补偿制度在于对基本公共服务机构之间进行补偿、前期阶段机构对彼此的贡献补偿，这种补偿是一种责任也是义务。以功能区划下的县区为例，限制和禁止开发区应得到纵向的来自上级政府的补偿、横向的来自重点开发区的补偿。奖惩制度是对基本公共品提供者提供了偏离平均水平的公共品的行为与对不合作的个体惩罚，而对提供符合或改善公共服务水平区域奖励。如限制和禁止开发区某些区域大力改革，提供超出原有水平的公共服务能力，则给予相应的奖励。如重点开发区在“共同但有区别责任原则”下不愿承担、或者规避对落后区域技术援助，则对该区域的行为进行惩罚；相反，对提供者提供了达到平均水平公共品的行为以及对合作的个体进行一定形式的奖励。

8.2.5 设定供给底线，鼓励多元化供给模式

生存与发展权是公民最基本的人权，所以无论是发达区域还是落后区域，无论是优化和重点开发区，还是限制和禁止开发区，政府都有基本的责任保障公民生存与发展所需的基本公共服务。而各区域经济发展差距、财力差距的现实，要求各区域整齐划一的基本公共服务不可能。但是要做到保证基本水平，即各区域的公共服务水平有最低阈值，存在“度”的分界。确定各区域都必须达到的基本

公共服务阈值，使基本公共服务先覆盖到全体社会成员，保障各区域公民生存与发展所需。在此基础上，不排斥经济发达区域进一步提高。

基本公共服务的供给主体源于成本的分担，目前国家为主要供给主体。但长期单纯依靠政府一方的力量，在基本公共服务的质量以及结构发展上会力不从心。实践中，各国形成了各具特色的基本公共服务制度与模式，如美、德国为代表的自保公助模式，即在社会保障与福利等公共服务基础上以市场为主导，引进竞争和激励机制。以英、北欧各国为代表的国家福利模式，即国家为主体，对全民进行“平等的最低生活”普遍保障。以新加坡和智利为代表的自我积累模式，即以国家法律的强制手段让个人或家庭通过储蓄来进行自我保障。我国县级财政能力不高，且主体各功能区划后各区域的产业偏向，使收入差距增大。因此，需要建立以政府为主体，各方参与的多元化的供给模式，以“最弱者最大利益”的基本公共服务供给与保障程度。一方面，以政府为主体，广泛调动社会各界和各方力量参与提供集体产品与公共品的积极性，以保证最落后区域以及最贫困人口的基本公共服务水平最大化为底线，形成公共服务供给的多元化与社会化格局。并积极引进竞争，提高公共服务供给的质量；另一方面，通过各县区、各功能区间的沟通以及与省、国家沟通，加强横向与纵向信息交流，比较合作，互助协作，实现基本公共服务的均等化，以及基本公共服务与经济发展的良性循环。

8.2.6　完善审批及监督制度，保证资金落实

对于重点开发区，有基本的公共服务建设资金来源以及实力，需要处理好有限的资金用于经济发展还是公共服务的关系，如何保证公共服务建设资金的比例以及用途的问题。而限制和禁止开发区需要大量外部资金的介入，弥补收支差异，如以各种横向、纵向转移支付，支持公共服务建设所需。但是转移支付中能够实际发挥作用有待考察，在为期几个月的实地调研与座谈中发现，因缺乏完善的机制导致资金的申请、实际使用与落实、使用效果并不理想。因此，要求简化公共服务建设的各种审批制度，提高效率。在得到公共服务发展所需的一部分资金后，使用方式以及效果需要完善的监督体系。实际生活中，不乏出现某地建设使用率较低的豪华厕所，在村子外围建“遮羞围墙”的面子工程①，不能正确理解提高基本公共服务的实质，挤占基本公共服务建设的资金，而仍有的地区公共服务资金紧缺，如中学住宿中，以大教室大通铺做学生宿舍、无专门食堂等亟待

---

① 曹树林．“遮羞墙”遮了谁的“羞”时政新闻—人民网—人民日报 2012 - 12 - 04 http：//news. qq. com/a/20121204/000105. htm.

解决的公共服务资源配置问题。所以，监督缺位造成公共品的供给严重偏离公众实际需求的失衡现象。建立从审批到竣工、使用效率的一揽子完善的监督体系，使公共服务资金从流向、使用方式、使用效果得到立体化的监控，真正落到实处，满足人民实际需求，提高人民生活质量。

参考文献

［1］田志华：实现我国基本公共服务均等化的路径选择［J］. 地方财政研究，2008，(2)：8－11.

［2］［美］艾伯特·赫希曼著，曹征海译：经济发展战略［M］. 经济科学出版社，1991：166－172.

［3］周玉翠，齐清文，冯灿飞：近10年中国省际经济差异动态变化特征［J］. 地理研究，2002，21（6）：781－790.

［4］Gregory C. Chow：Rural Poverty in China：Problem and Policy by Gregory C. Chow，Princeton University CEPS Working Paper，No. 134，September 2006.

［5］刘慧：我国扶贫政策演变及其实施效果［J］. 地理科学进展，1998，17（4）：79－87.

［6］苏明，刘军民：我国减贫形势及未来国家扶贫战略调整的政策取向［J］. 地方财政研究，2011（6）31－36.

［7］唐珊：基本服务均等化视角下县级财政的困境与出路［D］. 湘潭大学，2010，6.

［8］刘家凯：促进广西县域经济发展的财政政策研究［J］. 经济研究参考，2005（16）：8－19.

［9］Samuelson P. A.：The Pure Theory of Public Expenditure［J］. The review of Economics and Statistics，1954，36（4）：387－389.

［10］张馨：公共财政论纲［M］. 北京：经济科学出版社，1999：608.

［11］［美］保罗·A·萨缪尔森、威廉·D·诺德豪斯著. 胡代光等译：经济学（十四版），北京：北京经济学院出版社，1996：571.

［12］Calvin Blackwell、Michael McKee：Only for my own neighborhood? Preferences and voluntary provision of local and global public goods［J］. Journal of Economic Behavior & Organization，2003，52（1）：115－131.

［13］Rouse Okamoto：The system of towns with spatial public goods［J］. Regional Science and Urban Economics，2000，30（6）：627－637.

［14］植草益：微观规制经济学［M］. 北京：中国发展出版社，1992.

[15] [南] 斯韦托扎尔·平乔维奇著，蒋琳琦译：产权经济学 [M]. 北京：经济科学出版社，2000.

[16] J. S. Mill：Principles of politics Economy [M]. London：Longman Group Ltd.，1921：800 -975.

[17] 卢晓旭：基于空间视角的县域义务教育发展均衡性测评研究——以江苏省常熟市为例 [D]. 南京师范大学，2011. 5.

[18] 项继权，罗峰，许远旺：构建新型农村公共服务体系——湖北省乡镇事业单位改革调查与研究 [J]. 华中师范大学学报，2006，45 (9)：2 -11.

[19] 胡祖才：关于促进基本公共服务均等化的若干思考 [J]. 宏观经济管理，2010，(8)：16 -19.

[20] 中国（海南）改革发展研究院：加快推进基本公共服务均等化 12 条建议 [J]. 经济研究参考，2008 (3)：19 -25.

[21] 熊振兴，李延均：空间聚集区域收敛与基本公共服务均等化 [J]. 广西财经学院学报，2012，25 (3)：57 -62.

[22] 戴维·比瑟姆著，徐鸿宾译：马克斯韦伯与现代政治理论 [M]. 浙江：浙江人民出版社，1989：65.

[23] [美] 奥斯本等著，周敦仁译：改革政府——企业精神如何改革着公营部门 [M]. 上海：上海译文出版社，2006：13.

[24] [美] 珍妮特·V·登哈特、罗伯特·B·登哈特著，方兴，丁煌译：新公共服务：服务，而不是掌舵 [M]. 北京：中国人民大学出版社，2010.

[25] [英] A. C. 庇古著，朱泱，张胜纪，吴良健译：福利经济学 [M]. 北京：商务印书馆，2006.

[26] 于树一：公共服务均等化的理论基础探析 [J]. 财政研究，2007，(7)：27 -29.

[27] 高鸿业：西方经济学（微观部分）第五版 [M]. 北京：人民大学出版社，2011：292 -296.

[28] Fehr E、Gächter S：Cooperation and punishment in public goods experiments [J]. American Economic Review，2000，90 (4)：980 -994.

[29] Juergen Bracht、Charles Figuières：Relative performance of two simple incentive mechanisms in a public goods experiment [J]. Journal of Public Economics，2008，92 (1 -2)：54 -90.

[30] [美] 约翰·罗尔斯著，何怀宏等译：正义论 [M]. 北京：中国社会科学出版社，1988.

[31] [印] 阿玛蒂亚·森著，王宇，王文玉译：经济学与伦理学 [M]. 北

京：商务印书馆，2003：24.

［32］［印］阿玛蒂亚·森著，任赜，于真译：以自由看待发展［M］. 北京：当代中国出版社，2002：62.

［33］曹荣湘．蒂布特模型［M］. 北京：社会科学文献出版社，2004.

［34］［美］谢觉民．人文地理学［M］. 北京：中国友谊出版公司，1991：214.

［35］Krugman P：Development，geography and economic theory［M］. Cambridge：MIT Press. 1995.

［36］约翰·冯·杜能著，吴衡康译：孤立国同农业和国民经济关系［M］. 北京：商务印书馆，1997：50－56.

［37］黄基伟，鲁莹．保罗·克鲁格曼．新经济地理学开创者［M］. 人民邮电出版社，2009.

［38］Klaus Deininger and Paul Mpuga：Does Greater Accountability Improve the Quality of Public Service Delivery? Evidence from Uganda［J］. World Development，2005，33（1）：171－191.

［39］Dıaz－Cayeros，A. et al.：Traditional Governance，Citizen Engagement，and Local Public Goods：Evidence from Mexico［J］. World Development，2013，（1）：1－14.

［40］Zhang Huidong：An analysis of the transition of local governance in rural China［J］. Study of Economic Issues. 2004，（6）：79－83.

［41］B. S. Ghuman & Ranjeet Singh：Decentralization and delivery of public services in Asia［J］. Policy and Society. 2013，32（7）：7－21.

［42］Charles M. Tiebout：A Pure Theory of Local Expenditures［J］. Journal of Political Economy. 1956，64（5）：416－424.

［43］Ben Lockwood. Imperfect competition，the marginal cost of public funds and public goods supply［J］. Journal of Public Economics. 2002，87（7）：1719－1746.

［44］Oliver Hart，Andrei Shleifer，Robert W. Vishny，The proper scope of government：theory and an application to prisons?［J］. Quarterly Journal of Economics 1997，112（4）：1126－1161.

［45］Deanna L. Williamson，Miriam J，et al：Low-income Canadians' experiences with health-related services：Implications for health care reform［J］. Journal of Health Policy. 2006，and 76（1）：106－121.

［46］Rohit Verma，Jordan J. Louviere，Paul Burke：Using a market-utility-based approach to designing public services：A case illustration from United States Forest Service [J]. Journal of Operations Management. 2006, 24 (4): 407 -416.

[47] Somik V. Lall, Mattias Lundberg: What are public services worth, and to whom? On-parametric estimation of capitalization in Pune [J]. Journal of Housing Economics. 2008, 17 (1): 34 -64.

[48] Anni Huhtala, Eija pouta: User fees, equity and the benefits of public outdoor recreation services [J]. Journal of Forest Economics. 2008, 14 (2): 117 - 132.

[49] Lauren M. MacLean. The Paradox of State Retrenchment in Sub - Saharan Africa: The Micro - Level Experience of Public Social Service Provision [J]. World Development. 2011, 39 (7): 1155 -1165.

[50] Tijs Neutens, Matthias Delafontaine, Tim Schwanen, et al.: The relationship between opening hours and accessibility of public service delivery [J]. Journal of Transport Geography. 2012, 25 (3): 128 -140.

[51] Thiess Buettner, Fédéric Holm - Hadulla: City size and the demand for local public goods [J]. Regional Science and Urban Economics. 2013, 43 (1): 16 - 21.

[52] Robert Dur, Klaas Staal: Local public good provision, municipal consolidation, and national transfers [J]. Regional Science and Urban Economics. 2008, 38 (2): 160 -173.

[53] Santosh Mehrotra, Stephen W. Jarrett: Improving basic health service delivery in low-income countries: 'voice' to the poor [J]. Social Science & Medicine. 2002, 54 (11), 1685 -1690.

[54] Ann Van Ackere: Competing Against a Public Service [J]. Socioecology - Economics Planning Science. 1998: 32 (3) 171 -187.

[55] Stolt, R., Blomqvist, P., Winblad, U. Privatization of social services: Quality differences in Swedish elderly care [J]. Social Science & Medicine. 2011, 72 (4): 560.

[56] Vaillancourt Rosenau, Pauline, ed. Public - Private Policy Partnerships [M]. Cambridge, MA: MIT Press, 2000.

[57] Miguel Amaral, Stéphane Saussier, Anne Yvrande - Billon: Auction procedures and competition in public services: The case of erban public transport in France and Landon [J]. Utilities Policy. 2009, 17 (2) 166 -175.

[58] Morten Bennedsen, Christian Schultz: Arm's length delegation of public services [J]. Journal of Public Economics. 2011, 95 (7): 543 -552.

[59] Claudine Desrieux, Eshien Chong, and Stéphane Saussier: Putting all one's eggs in one basket: Relational contracts and the management of local public services [J]. Journal of Economic Behavior & Organization. 2013, 89 (5): 167 – 186.

[60] Beatriz Cuadrado – Ballesteros, Isabel – María García – Sánchez, José – Manuel Prado – Lorenzo: Effects of different modes of local public services delivery on quality of life in Spain [J]. Journal of Cleaner Production. 2012, 37 (9): 68 – 81.

[61] Richard C. Cornes, Emilson C. D. Silva: Local public goods, inter-regional transfers and private information [J]. European Economic Review. 2002, 46 (2): 329 – 356.

[62] Louis Kaplow: Public goods and the distribution of income [J]. European Economic Review. 2006, 50 (7): 1627 – 1660.

[63] Oates W: An essay on fiscal federalism [J]. Economic Literature. 1999, 37: 1120 – 1149.

[64] Roadway R.: The Theory and Practice of Equalization [J]. CESIFO Economic Studies. 2004, 50: 1211 – 1254.

[65] Robert Dur、Klaas Staal: Local public good provision, municipal consolidation, and national transfers [J]. Regional Science and Urban Economics. 2008, 8 (3): 160 – 173.

[66] Falkinger, J., Fehr, E., Gächter, S. A simple mechanism for the efficient provision of public goods experimental evidence [J]. American Economic Review. 2000, 90: 247 – 264.

[67] Hal R. Varian.: A solution to the problem of externalities when agents are well-informed, American Economic Review [M]. European University Institute. 1999: 4.

[68] Juergen Bracht, Charles Figuières: Relative performance of two simple incentive mechanisms in a public goods experiment [J]. Journal of Public Economics. 2008, 92 (1 – 2): 54 – 90.

[69] 迟福林：我国社会矛盾的变化与政府转型 [J]. 人民论坛，2006，(2)：12 – 14.

[70] 常修泽：中国现阶段基本公共服务均等化研究 [J]. 中共天津市党校学报，2007，(2)：66 – 71.

[71] 陈昌盛：基本公共服务均等化——中国行动路线图 [J]. 财会研究，2008，(2)：15 – 16.

[72] 卢洪友：中国基本公共服务均等化进程报告 [M]. 北京：人民出版

社，2012.

[73] 樊丽明，石邵宾：城乡基本公共服务均等化研究 [M]. 经济出版社，2010.

[74] 李敏纳，覃成林：中国社会性公共服务空间分异研究 [J]. 人文地理，2010，(1)：26 – 31.

[75] 曾国平，王正攀，曹跃群：西部基本公共服务水平地区差异的实证分析 [J]. 重庆理工大学学报（社会学），2011，(11)：34 – 66.

[76] 豆建民，刘欣：中国区域基本公共服务水平的收敛性及其影响因素分析 [J]. 财经研究，2011，(10)：37 – 47.

[77] 马慧强，韩增林等：我国基本公共服务空间差异格局与质量特征 [J]. 经济地理，2011，31 (2)：212 – 217.

[78] 陆大道：区域发展及其空间结构 [M]. 北京：科学出版社，1995：117 – 124.

[79] 王远飞：GIS 与 Voronoi 多边形在医疗服务设施地理可达性分析中的应用 [J]. 测绘与空间地理信息，2006，(6) 29：77 – 80.

[80] 吴建军，孔云峰等：基于农村医疗设施空间可达性分析——以河南省兰考县为例 [J]. 人文地理，2008，(5)：37 – 42.

[81] 胡继亮：公共投资对区域基本公共服务均等化影响的实证研究 [D]. 华中师范大学，2009. 6.

[82] 徐诗举：基本公共服务均等化的标准与实现途径——以安徽省为例 [J]. 探索，2011，(7)：151 – 155.

[83] 张亮，王玲：俄罗斯基本公共服务均等化实践路径及其对中国的启示 [J]. 经济研究导刊，2012，(12)：234 – 235.

[84] 熊振兴，李延均：空间聚集、区域收敛与基本公共服务均等化 [J]. 广西财经学院学报，2012，25 (3)：57 – 62.

[85] 豆建民，刘欣：中国区域基本公共服务水平的收敛性及其影响因素分析 [J]. 财经研究，2011，37 (10)：37 – 48.

[86] 吕炜，王伟同：我国基本公共服务提供均等化问题研究——基于公共需求与政府能力视角的分析 [J]. 经济参考研究，2008，(34)：2 – 13.

[87] 滕堂伟，林利剑：基本公共服务水平与区域经济发展水平的相关性分析——基于江苏省实证研究 [J]. 当代经济管理，2012，34 (3)：61 – 66.

[88] 李剑：基本公共服务评价指标体系研究 [J]. 商业研究，2011，(5)：48 – 57.

[89] 江易华：县级政府基本公共服务绩效评估指标体系的理论构建与实证

检测研究——基于社会公正的研究视角［D］. 华中师范大学，2009. 3.

［90］王新民，南锐：基本公共服务均等化水平评价体系构建应用——我国省域实证研究［J］. 软科学，2011，25（7）：1－26.

［91］侯惠勤，辛向阳，易定宏：中国城市及基本公共服务力评价2010～2011［M］. 社会科学文献出版社，2012：7－10.

［92］樊杰：我国主体功能区划的科学依据［J］. 地理学报，2007，62（4）：339－350.

［93］伍光和，江存远：甘肃省综合自然区划［M］. 兰州：甘肃科学技术出版社，1998.

［94］Irene Ring：Ecological public functions and fiscal equalization at the local level in Germany［J］. Journal of Ecological Economics，2002，42（3）：415－427.

［95］牛叔文，张馨：基于主体功能区的空间分析——以甘肃省为例［J］. 经济地理，2010，（5）：732－737.

［96］甘肃省发展和改革委员会：甘肃省主体功能区规划前期研究报告［M］. 兰州大学出版社，2010.

［97］王元京，刘立峰：如何实施主体功能区基本公共服务均等化政策［J］. 宏观经济管理，2008，（1）：40－43.

［98］蔡春红：完善财政转移支付制度的政策建议——简论推进基本公共服务均等化和主体功能区建设的关系［J］. 中国行政管理，2008，（4）：78－81.

［99］孙健：主体功能区建设中的基本公共服务均等化问题研究［J］. 西北师大学报（社会科学版），2009，46（3）：65－70.

［100］陈昌盛，蔡跃洲：中国政府公共服务：体制变迁与地区综合评估［M］. 北京：中国社会科学出版社，2007：330.

［101］安体富，任强：中国公共服务均等化水平指标体系的构建——基于地区差别视角的定量分析［J］. 财贸经济，2008，（6）：79－82.

［102］［美］马斯洛著，许金声等译：人类动机理论［M］. 北京：中国人民大学出版社，2007.

［103］［瑞典］托尔斯顿，胡森著，张人杰译：社会环境与学业成就［M］. 西南师范大学出版社，1991.

［104］Amartya Sen：Development as Freedom［M］. New York：Anchor，2000.

［105］赵建新：论区域经济差距的衡量指标与测度方法［J］. 经济地理，1998，18（3）：63－67.

［106］欧向军，甄峰等：区域城市化水平综合测度及其理想动力分析——以

江苏省为例［J］. 地理研究，2008，27（5）：993－1002.

［107］韩增林，刘天宝：中国地级以上城市城市化质量特征及空间差异［J］. 地理研究，2009，28（6）：1508－1516.

［108］郭宏宝：公共服务均等化：理论评价与实际应用［J］. 当代财经，2008（3）：29－33.

［109］张奎，王原君：Sarabia 洛伦兹曲线模型的推广［J］. 应用数学，2010，23（3）：501－507.

［110］韩志明：公共服务均等化的空间政治学分析［J］. 探索，2009（2）：65－70.

［111］刘志昌：基本公共服务均等化的内涵研究综述［J］. 理论界，2009（3）：96－98.

［112］高鸿业：西方经济学（微观部分，第五版）［M］. 北京：中国人民大学出版社，2011：252－264.

［113］刘尚希，杨元杰，张洵：基本公共服务均等化与公共财政财政制度［J］. 经济研究参考，2008，（40）：2－10.

［114］马国贤：基本公共服务均等化的公共财政政策研究［J］. 财政研究，2007，（10）：74－77.

［115］吴乐珍：我国基本公共服务供给中的失衡问题研究［D］. 浙江大学，2012. 5.

［116］姚芳莲：经济增长——地区收入差距与公共支出［J］. 经济与管理，2007，21（10）：15－20.

［117］［美国］罗杰斯（Rogers，P. P.）、贾拉勒（Jalal，K. F.）、博伊德（Boyd，J. A.）著，郝吉明、邢佳、陈莹译：可持续发展导论［M］. 化学工业出版社，2008.

［118］肖巍，钱箭星："寰球同此凉热"——环境科学与人文［M］. 安徽教育出版社，2002.

［119］朱步楼：可持续发展伦理研究［M］. 南京：江苏人民出版社，2006.

［120］［法］魁奈著，晏智杰译：魁奈《经济表》及著作选［M］. 北京：华夏出版社，2006.

［121］［美］曼昆著，梁小民，梁砾译：经济学原理［M］. 北京：北京大学出版社，2002.

［122］熊德平：农村金融与农村经济协调发展研究［M］. 北京：社会科学文献出版社，2009.

［123］蔡文春，张竟竟，杨德刚等：基于时空理念的区域协调度模型及实证分析［J］. 生态与农村环境学报，2009，25（2）：9－15.

［124］廖重斌：环境与经济协调发展的定量评判及其分类体系——以珠江三角洲城市群为例［J］. 热带地理，1999，19（2）：171－177.

［125］吴文恒，牛叔文，郭晓冬等：中国人口资源环境耦合的演进分析［J］. 自然资源学报，2006，21（6）：853－861.

［126］任玉珑，甘文媛，阳忠明：我国电能—环境系统协调度综合评价研究及应用［J］. 中国人口·资源与环境，2008，18（3）：139－142.

［127］余凤鸣，杜忠潮，周杜辉：基于熵值法的经济发展与生态环境耦合关系演变分析——以西安市为例［J］. 安徽农业科学，2011，39（34）：21224－21227.

［128］梁山，姜志德：生态经济学［M］. 北京：中国农业出版社，2007：75－80.

［129］张志强，徐中民，程国栋：生态系统服务与自然资本价值评估［J］. 生态学报，2001，21（11）：1918－1926.

［130］胡曼菲，关伟：基于产业结构视角的我国经济与环境耦合系统的演化分析［J］. 资源开发与市场，2010，26（10）：990－883.

［131］张善余：人口地理学概论［M］. 上海：华东师范大学出版社，1999.

［132］杜鹏，张航空：中国流动人口梯次流动的实证研究［J］. 人口学刊，2011，（4）：14－21.

［133］阿瑟·刘易斯著，施炜等译：两元经济论［M］. 北京：北京经济学院出版社，1989.

［134］李传健：刘易斯二元经济模型与我国城乡一体化发展：以模型的局限性为分析视角［J］. 经济问题探索，2010（3）：25－28.

［135］John R. Harris and Michael P. Todaro：Migration，and unemployment and Development：A Two－Sector Analysis［J］. American Economic Review，1970，60（1）：126－142.

［136］肖文韬，孙细明：托达罗人口流动行为模型的一个修正及其新解释［J］. 财经理论与实践，2003，24（121）：23－28.

［137］许彬：蒂布特模型与地方公共产品的有效供给［J］. 中共浙江省委党校学报，2005（1）：47－50.

［138］Kam Wing Chan：Recent migration in China：patterns，trends and policies［J］. Asian Perspective，2001，25（4）：127－155.

［139］刘慧：人口迁移空间格局模拟研究与展望［J］. 地理科学进展，

2010, 29 (10): 1162－1170.

[140] 王国霞，秦志琴，程丽琳：20世纪末中国迁移人口空间分布格局——基于城市的视角 [J]. 地理科学，2012，32 (3)：273－281.

[141] 鲍常勇：我国286个地级以上城市流动人口分布特征 [J]. 人口研究，2007，31 (6)：67－75.

[142] 段成荣，杨舸等：改革开放以来我国流动人口变动的九大趋势 [J]. 人口研究，2008，32 (6)：30－43.

[143] 蔡建明，王国霞：我国人口迁移趋势及空间格局演变 [J]. 人口研究，2007：31 (5)：9－19.

[144] 唐家龙，马忠东：中国人口迁移选择性：基于五普数据分析 [J]. 人口研究，2007，(5)：42－51.

[145] 荣弦，喻婵：从成本和收益角度分析农村剩余劳动力转移问题——基于托达罗模型的改进 [J]. 现代商业，2012，(6)：287－289.

[146] 江小涓，李辉：中国地区间实际收入差距小于名义收入差距 [J]. 经济研究，2005，(9)：11－18.

[147] 欧阳俊，杨正喜：用脚投票：劳资博弈下民工荒一种解释框架 [J]. 华南农业大学学报（社会科学版），2009，8 (2)：131－135.

[148] 吕晨，樊杰，孙威：基于ESDA的中国人口空间格局及影响因素研究 [J]. 经济地理，2009，29 (11)：1797－1803.

[149] 牛叔文，郭晓东，刘正广等．甘肃省百年来人口分布的时空变化分析 [J]. 中国人口科学，2006 (6)：49－57.

[150] 联合国开发计划署：中国人类发展报告2002：绿色发展，必选之路 [M]. 北京：中国财政经济出版社，2002.

[151] 吴映梅，普荣，白海霞：中国省级人类发展指数空间差异分析 [J]. 昆明理工大学学报（社会科学版），2008，8 (8)：53－61.

[152] 覃成林，罗庆：中国区域人类发展差异研究 [J]. 经济经纬，2004，(6)：49－51.

[153] 宋洪远，马永良：使用人类发展指数对中国城乡发展差距的一种估计 [J]. 经济研究，2004 (11)：4－15.

[154] 霍景东，夏杰长：公共支出与人类发展指数——对中国的实证分析：1990～2002. [J]. 财经论丛，2005，(4)：7－10.

[155] 胡双梅：人口、产业合城市集聚在区域经济中的关系 [J]. 西南交通大学学报，（社会科学版），2005，6 (4) 106－110.

[156] 刘志彪，安同良：现代产业经济分析 [M]. 南京：南京大学出版社，

2001.

[157] 刘仕俊，陈春华：试论我国现阶段劳动力的有效转移——基于配第—克拉克定理的理论视角 [J]. 乡镇经济，2008 (3)：60 -63.

[158] 苏静，王莎莎等：经济增长要素配置分析 [J]. 山东大学学报（理学版），2008，43 (10)：37 -40.

[159] 张冰莹：基于公共服务均等化理念的政府投资作用及问题研究 [D]. 浙江财经学院，2010. 12.

[160] [美] 凯恩斯著，高鸿业译：就业、利息和货币通论 [M]. 北京：商务印书馆，1999.

[161] 周文兴，陈雅男：将消费看成是人力资本积累的一个来源及其意义：一个动态经济增长模型和基于中国数据的实证检验 [J]. 财经科学，2006 (7)：48 -56.

[162] 汝信，陆学艺，李培林，2005 年中国社会形势分析与预测/社会蓝皮书 [M]. 北京：社会科学文献出版社，2004.

[163] 翁志明：公共服务提供模式的经济学分析——基于平等与不平等享用公共服务两种模式 [D]. 厦门大学，2009. 6.

[164] 娄峥嵘：我国公共服务财政支出效率研究 [D]. 中国矿业大学，2008，6.

[165] 常亚南：主体功能区划分下民族地区基本公共服务均等化对策研究 [J]. 理论导刊 . 2011，(5) 36 -39.

[166] Philippe Sands：International Law in the Field of Sustainable Development [J]. British Yearbook of International Law. 1994. 64：303.

后　　记

基于主体功能区的差异“输血”政策措施，对解决区域经济社会发展不均衡是治标不治本。解决贫困，实现可持续发展需要“造血”，才能解决生存与发展根本。长期非均衡发展，带来的空间差异以及衍生的发展机会的不平等，是返贫的主要因素之一。因此，要通过区域间的差异性以及区域内的同质性进行分析，差异化制度供给，以公共服务的均衡推动经济均衡式发展，实现可持续发展。

藉此，感谢在我求知的路上给予我包容与鼓励的亲人们！希望以我不竭的努力来告慰我的父亲，还有岁月沉淀下我对他的致歉与感恩！感恩我的母亲，用她孱弱的肩膀托起我的人生，默默为我撑起一个家，在我累、倦、受伤时，容我休憩的港湾。我无以为报，唯有更加努力！

特别感谢我的孩子，感谢你与我风雨同舟，感谢你在磨难中的乐观开朗，坚强勇敢！

冯　晓

2016 年 10 月